사장님,
또 가게비우고
여행 가세요?

사장님, 또 가게 비우고 여행 가세요?

열 달 일하고 두 달 떠나는 N잡러가 살아가는 법

초판 1쇄 발행 2024년 10월 21일

글 권진실
펴낸이 최향금
펴낸곳 에이블북

주소 서울시 노원구 동일로198길 74, 3층 301-A호
전화 02-6061-0124
팩스 02-6003-0025
메일 ablebook@naver.com

ISBN 979-11-978512-8-5 (03320)

열 달 일하고
두 달 떠나는
N잡러가
살아가는 법

사장님,
또 가게 비우고
여행 가세요?

권진실 지음

ABLE
BOOK

추천사 1

"만 권의 책을 읽고 만 리 길을 다녀라!"

수많은 선현들께서 강조해오신 말씀으로, 세상의 이치를 깨닫고 자아의 정립을 위해선 독서와 여행만 한 것이 없다는 뜻이 담겨 있습니다. 특히 여행은 독서를 통해 쌓은 생각들을 갈무리함으로써 내면의 깊이를 더할 수 있는 '실천적 행동'이라 할 수 있습니다.

《사장님, 또 가게 비우고 여행 가세요?》를 펴낸 권진실 님은 항상 여행을 꿈꾸고 실천하며 자신의 삶을 개척해왔습니다. 사회초년생 시절, 앞이 잘 보이지 않는 막막함을 여행을 통해 극복해 나가는 모습이 생동감 있게 다가옵니다. 길이 막혀 있다고 느껴지는 곳에서도 '길'을 발견해나가는 장면들이 희망을 전하고 있습니다.

때로는 무모하게 보이기도 합니다. 하지만 이것이 바로 무모함마저도 '과감함'과 '용기'로 치환시킬 수 있는 여행의 묘미이지 않을까 싶습니다.

현실도피가 아니라, 현실을 극복하고 더 나은 미래를 만들어가고자 하는 내면의 목소리가 오늘도 권진실 님이 세계지도를 펼치게 하는 추동력이 아닐까 생각합니다.

권진실 님은 여행에서 체득한 경험과 지혜로 남해에서 건실하게 관광 사업체를 운영하고 있습니다. 남해군이 간직한 천혜의 아름다움을 더 가치 있게 빛나게 하고 있습니다.

여행을 통해 발굴한 최신 트렌드를 현장에 접목시키면서 코로나19 위기를 이겨내고, 늘 새로운 아이디어를 고민하는 모습에서 새삼 남해 관광산업의 미래가 밝다는 것도 느끼게 되었습니다.

머물러 있지 않고 항상 꿈꾸고 여행하며 새로운 미래를 창조해 나가는 권진실 님과 여정을 함께하며, 우리도 저마다 여행 가방을 하나씩 꾸려보는 건 어떨까요?

남해군수 장충남

추천사 2

우연히 몇 년 전 지인 소개로 만난 사람에게 직업이 무엇이냐고 물었더니, 'N잡러'라는 답변을 듣고 조금 당황했지만, 바로 뒤이어 남해 독일마을의 펠리스 카페 사장님이라는 이야기를 듣고 반가웠습니다. 유명한 카페 사장님이 내 앞에 있다는 것이 신기했습니다.

카페 사장님인데 왜 N잡러라고 했는지 궁금해 물어보니, 정말 여러 가지 직업을 가지고 있어 무척 대단하고 신기한 분이라는 생각이 들었습니다. 내가 수업하는 대학에서는 대부분 졸업 후 의사가 되지만, 요즘은 여러 직업을 꿈꾸고 싶어 하는 학생들이 점점 많아지는 것 같습니다. 안정적인 직업 하나만으로 미래를 생각하기보다는, 자신이 하고 싶은 일에 투자하고 도전하려는 경향이 늘어나고 있다는 생각이 듭니다. 나도 비교적 젊은 나이지만, 교수로 일하면서 다른 일도 해볼 수 있을지 고민하며 "개인 방송(너튜브?)이라도 해볼까?"라는 상상을 해보기도 합니다.

《사장님, 또 가게 비우고 여행 가세요?》는 단순한 여행기를 넘어 개인의 꿈과 열정, 그리고 자유를 향해 나아가는 모험적인 이야기를 담고 있습니다. 저자는 카페 사장에서 세계 여행자로 변모하며 자신만의 길을 개척합니다. 이 책은 직장 생활과 일상에 지친 현대인에게 새로운 삶의 가능성을 제시하며, 꿈을 현실로 만드는 구체적인 방법들을 사례로 보여줍니다.

독자들은 저자가 겪는 다양한 도전과 성장의 순간들을 통해 용기와 영감을 얻게 될 것입니다. 특히 사업을 시작하고자 하는 젊은 창업자들에게 이 책은 소중한 가이드가 될 것입니다. 무엇보다 일상에서 벗어나 진정한 자신을 찾고자 하는 모든 이들에게 꿈을 향해 한 걸음 더 나아갈 수 있는 용기를 선사합니다.

마지막으로 권진실 작가의 미래를 항상 응원하며, 그녀의 여정이 많은 이들에게 깊은 울림을 전해주기를 기대합니다.

부산대학교 의과대학 교수 박종환

머리말

부산에서 나고 자란 나는 대학을 졸업한 뒤 빛나는 20대 후반기 청춘을 시골에서 보냈다. 남해 독일마을에 카페를 차리면서 시골살이를 시작한 것이다. 내 마음대로 놀러다닐 수 있는 회사를 만들기 위해 카페 사장이 되었지만, 정작 남들이 다 쉬는 근로자의 날에 하루 종일 쉬지도 못하고 일한다. 게다가 그날은 내 생일이기도 하다.

'평생 일만 하고 살라고 근로자의 날에 태어났나?'라며 우울해졌는데, 그날이 내 생일인 걸 안 한 손님이 말했다. "와~ 좋겠네. 생일이라고 손님들이 찾아와서 용돈을 엄청 많이 주시네." 그 말을 들으니 갑자기 기분이 좋아졌다. 생각을 뒤집으면 인생이 재미있어진다. 정말 인생은 한 끗 차이인 것 같다.

나는 똑똑한 사람들이 만들어놓은 세상의 틀 안에서 늘 수동적으로 살았다. 학교를 졸업하고, 취업을 하고, 나이가 차면 옆에 있는 사람과 결혼하고, 아이를 낳고, 그렇게 나이가 들면 은퇴 후 모아놓은 돈으로 여행을 가거나, 카페를 하며 시골에서 살아가리라 생각했다.

그러던 내가 부모님의 강요로 난생처음 해외여행을 다녀온 뒤 가치관과 인생관이 송두리째 바뀌었다. 한 달간의 런던살이는 내겐 신세계였다. 이후 아르바이트를 하며 돈을 모아 틈만 나면 외국으로 떠났다. 학창 시절 27개국을 여행하면서 내가 몰랐던 드넓은 세상과 다양한 생각을 가진 사람들을 만나면서 나의 미래를 꿈꾸고 내 방식대로 인생을 그려나가기 시작했다.

존경하는 김승호 회장님은《알면서도 알지 못하는 것들》에서 다음과 같이 말했다.

"캘리포니아 하늘의 색깔이나 날씨는 공짜지만 더없이 아름답고 따뜻하다. 캘리포니아에서 가장 값진 것은 공짜이고, 없어도 사는 데 전혀 지장 없는 로데오 거리의 상품은 가장 비싸다. 나는 비행기 요금에 가장 돈을 많이 쓴다. (중략) 경험이나 감정은 물질적인 만족보다 깊은 행복을 주기 때문이다."

나 역시 경험은 감정을 불러일으키지만 물건은 적응이 되어 기억 속에서 사라진다는 사실을 체험했다. 여행을 하며 겪은 일, 다양한 생각을 하는 현지 사람들과의 대화, 힘들 때마다 조깅하며 달려갔던 아름다운 해변과 끝없이 펼쳐지는 수평선, 핑크색 일몰은 아직도 잊히지 않고 내 마음속에 있다.

혼자서 해외여행을 다니는 나를 보고 사람들은 겁이 없다고들 한다. 스무 살 때부터 해외여행을 다녔지만 아직도 나는 외국에 가면 밤에는 잘 돌아다니지 않을 정도로 겁이 많다. 대신 나는 실행력이 좋다. 아무 일도 하지 않으면 아무 일도 일어나지 않는다는 것을 알기 때문에 마음 먹은 것이 있으면 곧장 실천에 옮긴다. 보수적인 한국에서는 안 되는 것들이 외국에서는 자유롭게 할 수 있는 경우가 많았다. 사람 사는 것에 정답이 없었다. 바르셀로나에서 두 달간 직업 바꿔 살기를 하며 민박집을 운영해보겠다고 하자 주변 사람들은 불가능한 일이라고 말했다. 나는 그들의 말에 개의치 않고 바르셀로나에서 또 다른 삶을 살아보았다. 그 결과 나는 한층 더 성장했다.

한번 태어난 인생, 누군가가 만들어놓은 틀을 깨고 내가 원하는 세상에 살고 싶다. 내가 원하는 걸 머릿속에 항상 그리고 있으면 언젠가 기회가 찾아온다. 그 기회를 내 것으로 만들면 오롯이 내 삶을 누릴 수 있다. 나는 그것을 이뤄주는 가장 좋은 수단이 여행이라고 생각한다. 많은 사람들이 자기계발을 위해 책을 읽고 강의를 듣는다. 물론 나 역시 자기계발을 게을리하지 않는다. 하지만 나를 가장 많이 성장시켜주는 한 가지를 꼽으라면 단연코 여행이다. 여행은 내 삶에 있어 가장 훌륭한 스승이다.

나는 어렸을 때부터 공부하는 것보다 노는 걸 좋아하는 아이였다. 어른이 된 지금은 노는 것과 공부를 같이 한다. 여행이 이 둘을 하나로 만들어주었다. 이 책은 영어 한마디 못하던 내가 좌충우돌 낯선 세상과 만나면서 삶을 변화시켜온 나의 성장기이자, 세상에서 가장 즐거운 자기계발서이다.

일하느라 바빠 여행을 떠나지 못하는 사람, 내 맘대로 내 인생을 꾸려가고 싶은데 앞길이 안 보이는 사람에게 지금 당장 여행 계획을 세우라고 말하고 싶다. 오늘이 내 인생의 가장 젊은 날이지 않은가. 나는 현재의 삶에 만족하지 않고 더 멋진 삶을 꿈꾸며 앞으로도 세계 곳곳을 누빌 것이다. 그리고 한 가지 직업에 그치지 않고 다양한 직업을 가진 N잡러로서의 삶을 이어갈 것이다. 또 어떤 즐거운 일이 나를 기다리고 있을지, 어디로 튈지 모르는 내 인생이 너무나도 재미있고 기대가 된다.

권진실

차례

PART 1 소시지 팔아 세계여행

PART 2 일단 저지르면 답이 나온다

PART 3 스스로에게 당당하자

PART 4 N잡러가 되어보자

PART 1

소시지 팔아 세계 여행

미국 영주권이냐? 카페 사장이냐?

떠나고 싶을 때 마음대로 떠날 수 있는 직업

나의 어릴 적 꿈은 승무원이나 여행 가이드가 되는 것이었다. 두 직업의 공통점은 여행이다. 나는 여행을 좋아했기에 돈을 벌면서 여행도 즐기는 행복한 직장생활에 대한 환상에 빠져 있었다.

우리 부모 세대처럼 한 직장에서 평생 일하는 건 생각만 해도 지겹고 재미없는 인생일 것 같았다. 같은 일상, 반복적인 일은 피하고 싶었다. 직장에 얽매이지 않고 떠나고 싶을 때 마음대로 떠날 수 있는, 나만의 시간을 누릴 수 있는 직업을 갖고 싶었다.

대학교 4학년 2학기가 되자 승무원이 되기로 마음먹고 승무원 준비 학원에 다녔다. 그러면서 카페에서 아르바이트를 했다. 사장님과 신메뉴도 개발했는데 손님들이 맛있다고 평가해주는 날에는 하루 종일 싱글벙글 기분이 좋았다. 아르바이트생인 나를 찾는 단골도 생기기 시작했다. 차츰 단골이 많아졌고 사장님께 인정도 받았기에, 승무원이 되면 접객을 잘할 자신이 생겼다.

당시 나는 이미 27개국을 여행해오면서 수없이 비행기를 타봤기에 장시간 비행에 대한 걱정은 없었다. 그리고 승객의 입장에서 이해할 준비가 되어 있었으므로 나는 정말 멋진 승무원이 될 수 있을 것 같았다.

하지만 현실은 내가 생각했던 것처럼 쉽지 않았다. 평소 지인들은 내게 살 좀 쪄야겠다는 소리를 하는데, 승무원 준비 학원에서는 살을 빼라는 소리를 했다. 게다가 항공사에서는 선해 보이는 눈을 선호한다며 성형을 권하기도 했다. 영어로 의사소통이 가능하고 접객을 잘하면 될 것이라 생각했는데, 그게 다가 아니었다. 학원에서 요구하는 외모를 갖춰야 했다. 그리고 평생 경상도 사투리를 썼던 내가 표준어를 구사해야 하는 것도 넘어야 할 관문이었다.

항공사에 원서를 넣으면 서류에서는 늘 통과했지만 면접에서 떨어졌다. 그렇게 어느덧 졸업을 앞둔 겨울방학이 되었다. 12월 말에서 1월 중으로 대한항공이 공채를 실시할 것이라는 이야기가 들려왔다. 하지만 정확히 언제인지는 알 수 없었다.

이쯤 되니 주위에서 많은 말이 나왔다. "어디에 취업할 거야?" "결혼은 언제 할 거니?" "이제 이게 너의 마지막 여행이 되겠네!" 답은 가르쳐주지 않으면서, 불안하게 만드는 질문들을 여기저기서 해댔다.

언제 항공사 공채가 나올지 모르고 막연하게 기다릴 바에는 공채 일정이 나온 항공사에 직접 찾아가서 면접을 보는 게 낫겠다고 판단했다. 1월에 있는 이탈리아 외항사 면접 스케줄에 맞춰 '취업'과 '학창 시절 마지막 여행'이라는 두 마리 토끼를 잡으러 유럽으로 떠났다.

그런데 그곳에서 내 꿈이 무너지는 순간을 맞이했다. 승무원들을 만나 이야기를 나눌 기회가 있었는데, 승무원은 내가 생각했던 삶이 아니었다. 자유롭지 못한 여행, 수시로 바뀌는 근무 시간으로 인해 시차 적응을 제대로 못해 항상 피로에 시달렸다. 접객 스트레스도 생각보다 심하고, 손목터널증후군과 하지정맥류가 생기는 사람도 많았다. 나는 승무원이 되면 여행과 일을 함께 할 수 있으리라고 너무 단순하게 생각하고 있었다는 사실을 깨달았다.

갑자기 미국에서 날아온 아메리칸드림

승무원에 대한 환상이 깨지자 막막한 미래에 대한 두려움이 몰려왔다. 그러던 어느 날 미국에 살고 있는 지인에게서 연락이 왔다. 정말 기가 막힌 타이밍이었다.

예전에 미국 마이애미 하얏트 호텔에서 일할 때 알게 된 분인데, 플로리다에서 한인 커피숍 프랜차이즈를 준비 중이라며 함께 일해보자는 제안을 해왔다. 그분의 러브콜에 마다할 이유가 없었다. 한국에서는 눈치 보면서 휴가를 사용해야 하는데, 미국에서 자유롭게 여행을 다니는 모습을 떠올리니 아메리칸드림을 실현하고 싶어졌다.

계약 조건은 5년이었다. 한 직장에서 꾸준히 5년간 일하면 미국 영주권을 얻기 쉽다는 말에, '일단 떠나보자!'며 그분과 함께 일하기로 결심했다. 외국에 살고 싶어 하던 내게 주어진 최고의 기회였다.

부모님께 미국에 가서 5년간 일한 뒤 영주권을 받으면 한국으로 돌아오지 않을 거라고 말씀드렸다. 두 분 다 반대가 심했지만 나는 고집을 꺾지 않았다. 며칠 뒤 부모님이 나를 앉혀놓고 뜻밖의 말씀을 하셨다.

"미국에서 일하면 마음껏 여행할 수 있을 것 같지만, 남 밑에서 일하면 넌 사장이 아니니 자유롭지 않을 테고, 눈치가 보여 네 생각처럼 여행을 편하게 못 다닐 게다. 그럼 한국에서의 삶이랑 별다르지 않을 거야. 게다가 가족과 친구도 없고."

듣고 보니 맞는 말이었다. 가족과 친구도 없는 타지에서 기댈 데가 없으니 더 힘들 수 있겠다 싶었다. 부모님은 남 밑에서 일하려고 하지 말고, 차라리 직접 카페를 운영해보는 건 어떠냐고 물으셨다. 부모님이 이런 말씀을 하시리라곤 전혀 예상치 못했다. 지금껏 내가 아르바이트했던 곳 사장님들은 50~60대가 대부분이었다. 그들을 보며 나도 먼 훗날 카페 사장님을 꿈꿔왔다. 특히 승무원 학원을 다니며 아르바이트했던 카페 사장님의 영향이 컸다.

항상 흐트러짐 없고 단정하고 가만히 있어도 포스가 넘치며 우아해 보이는 그분과 가끔 미래의 꿈에 대한 이야기를 나누곤 했다. 나도 승무원 일을 하면서 여행을 즐기다 노후에 멋진 카페를 꼭 해야겠다고 다짐했다. 사실 이때까지만 해도, 카페는 은퇴 후 차리는 것인 줄 알았었다.

20대에 시골살이라니

그런데 부모님의 제안에 귀가 솔깃해졌다. 그러고 보니 나는 호텔조리학과 출신에 한식, 양식, 제과, 제빵, 바리스타, 쇼콜라띠에, 식품위생사 자격증까지 모두 가지고 있었다. 카페 사장이 될 수 있는 기본 조건을 이미 갖추고 있었던 것이다.

'이왕 이렇게 된 거 20대 카페 사장이 되어보자. 그래, 한번 도전해보는 거야!' 고민의 시간은 길지 않았다. 그 자리에서 바로 부모님의 제안을 받아들였다. 단순하고 긍정적이며 빠른 실행력을 가진 나다운 결정이었다. 20대에 카페 사장이 될 수 있다니 나는 정말 운이 좋은 사람이라고 생각했다.

그런데 막상 카페를 시작하려고 하니 생각지도 못한 고민에 빠졌다. 부모님은 김해나 부산이 아닌 남해 독일마을에서 카페를 해보는 게 좋겠다고 제안하셨다. 남해가 어머니의 고향이기도 하고, 남해 독일마을이 전국적인 관광지라는 이유였다. 하지만 아무리 생각해봐도 20대인 내가 시골에 사는 건 아니지 싶었다. 시골에 사는 20대도 다들 도시로 떠나는데 도시에 사는 내가 시골살이를 해야 하다니!

하지만 그런 생각을 바꾸게 한 것은 '꿈'이었다. 곰곰이 생각해 보니 오히려 좋은 기회다 싶었다. 카페가 포화 상태인 도시보다는 남해 독일마을에서 그간 나의 경험과 전공을 살려 나만의 색깔로 카페를 운영해보면 좋은 경험이 될 것 같았다. 훗날 이곳에서 쌓은 경영 노하우를 가지고 도시에서 카페를 다시 시작하는 것도 나쁘지 않을 듯했다.

카페 오픈 전 여러 가지 아이디어를 얻기 위해 2주간 독일을 여행했다. 귀여운 호두까기 인형은 내가 만들고자 하는 카페 콘셉트를 구현하는 데 안성맞춤이었다. 독일에서 유명한 음식들을 먹어보며 그 경험을 바탕으로 카페에서 팔 소시지와 맥주, 케이크 등의 메뉴를 개발했다. 독일에서 돌아온 뒤 모든 공간을 내 손으로 정성껏 하나하나 채워나갔다. 호텔조리학과와 관광경영학을 전공한 나에게 남해 독일마을은 브런치 카페를 운영하기에 최고의 장소였다.

마음대로 놀 수 있는 회사, 내가 만들지 뭐!

카페 오픈을 준비하다 보니 이탈리아 외항사 면접을 보기 위해 40일간 유럽을 여행했던 기억이 떠올랐다. 여행 막바지 무렵, 프랑스 민박집 사장님이 내게 "마지막이라 생각하고 열심히 즐기며 노세요!"라고 말했다. 그 말에 나는 생각에 잠겼었다. '왜 사람들은 계속 나더러 마지막이니 즐기라고 할까? 어떻게 하면 일을 하면서 여행을 다닐 수 있을까?'

잠시 고민한 뒤 나는 "사장님! 길게 휴가를 갈 수 있는 회사에 취직하면 되지 않을까요?"라고 물었다. 그는 "한 달씩 휴가를 주는 회사는 한국에 없을걸요"라며 나를 좌절하게 만들었다.

한국 회사에 다녀보지 않은 나는 이해할 수가 없었다. '회사를 다니면 짧은 휴가 가는 것도 눈치를 봐야 한다고 하는데, 어떻게 하면 내가 원하는 삶을 살 수 있을까?'

"그럼 제가 그런 회사를 만들면 되죠!"라고 말했더니, "하하하하하!" 그 자리에 함께 있던 사람들이 웃기 시작했다. 아마도 어이가 없어 나오는 실소였을 것이다.

하지만 그날, 내 안의 작은 욕구가 샘솟기 시작했고, 나는 생생하게 생각하고 꿈을 꾸기 시작했다. 2015년 11월 27일, 길게 휴가를 쓰며 놀러 다닐 수 있는 회사가 한국 최초로, 남해 독일마을에 생겼다. 내가 오픈한 펠리스 카페다!

여행을 다니면서 내가 제일 많이 들었던 단어가 펠리스(feliz)였다. '즐거운, 행복한, 신나는'이라는 뜻이다. 그리고 미국 마이애미 하얏트 호텔에서 함께 일한 친구들이 붙여준 별명이기도 하다. 당시 내 영어 이름은 소피였는데 친구들은 나를 '펠리스 소피'라고 불렀다.

"마음대로 놀 수 있는 회사는 없어!" 그 말은 사람들의 고정관

페루 쿠스코 성스러운 계곡 투어 중 만난 노란 꽃밭

념이었다. 나랑 비슷한 입장에 놓여 있는 사람들에게, 우리도 원하는 대로 휴가를 갈 수 있다는 걸 보여주고 싶었다. 나는 남들이 갈 수 없다고 말하는 다른 길을 걸어가기로 마음먹었다.

하루 1,000만 원 벌고 응급실에 실려가다

현실은 꿈과 달랐다

내 가게를 차리면 시간도 많이 생기고 여행도 많이 다닐 수 있을 거라고 생각했다. 하지만 꿈과 현실은 너무 달랐다. 처음 하는 카페이고 모든 걸 잘하고 싶은 욕심이 강했다. 그래서 커피에 들어가는 카라멜 시럽부터 빵, 케이크, 수제청과 요거트까지 대부분의 메뉴들을 직접 수제로 만들고 개발했다. 매일 새벽 7시부터 밤 10시까지 주방에서 요리는 물론 손님 접대, 청소까지 모든 일을 도맡아 했다.

게다가 우리 가게 주위의 카페들은 쉬는 날도 없이 풀가동하고 있었다. 나도 그들과 같이 앞만 보며 열심히 달렸다. 남해 독일마을은 한 번 오면 그다음에는 잘 안 오게 되는 관광지다. 어떻게 하면 우리 카페에 사람들을 다시 오게 만들까 고심하다 이탈리아

직접 개발한 여러 가지 메뉴

여행 중 먹은 달콤한 폼피 딸기 티라미수가 떠올랐다. 그곳 티라미수는 맛있을 뿐만 아니라 테이크아웃 용기에 담아주므로 바쁘게 돌아다니는 여행객들에게 인기가 좋다. 오래된 골목길에서 티라미수를 들고 사진을 찍으면 화보 사진이 탄생한다. 특히 스페인광장 계단, 영화 〈로마의 휴일〉에서 오드리햅번이 젤라또를 먹은 장소이기도 한 이곳에 앉아 티라미수를 먹으면 소풍 온 느낌도 나고, 영화 속 주인공이 된 듯한 기분이 든다.

로마 여행객처럼 남해 독일마을을 찾는 여행객도 카페에 채 30분을 앉아 있지 않는다. 바삐 움직이는 여행객을 위해 나도 테이크아웃이 가능한 딸기 티라미수를 팔아보기로 했다. 티라미수는 커피랑 가장 잘 어울리는 디저트다. 수차례 시도한 결과 맛과 모양, 색감이 완벽한 딸기 티라미수를 개발했다. 그리고 딸기청도 담가 이쁜 테이크아웃 유리병에 넣어 쉽게 가져갈 수 있게 수제 생딸기

딸기 티라미수, 생딸기 라테, 생블루베리 라테

라테도 개발했다(나중에 생블루베리 라테와 유자 라테도 만들었다).

내가 예상했던 것보다 반응이 훨씬 좋았다. 주변에 케이크를 파는 곳이 없어, 생일케이크 대용으로 가져가는 손님도 많았다. 테이크아웃 용기에 담겨 있으니 가게에서 먹다 남으면 가져갈 수도 있으니 더 좋아했다. 한 번 먹어보곤 다시 사러 오는 사람도 많아졌다.

처음에는 하루 5개로 시작했는데 나중에는 50개까지 만들었다. 50개를 만들 때면, 전날 저녁 늦게 재료를 준비한 뒤 다음날 새벽 7시부터 만들었다. 입소문이 나자 서울을 포함 각지에서 택배 가능하냐는 전화가 왔다. 대전, 광주에 있는 여러 카페들로부터 티라미수를 납품해달라는 전화도 받았다. 내가 노력하는 만큼 전국 각지에 단골이 생겨 펠리스 카페를 재방문하는 사람들이 늘어났다.

혹시 밭일 해요?

처음에는 내가 만든 티라미수를 알아주는 사람들 덕분에 신이나 힘든지도 몰랐다. 하지만 3개월이 지나자 주문량이 너무 많아져 몸이 따라주지 않았다. 스트레스와 피로가 누적되었다. 만드는 재미는 사라지고 하루하루가 무기력해졌다.

이래선 안 되겠다 싶어 체력을 기르기 위해 수영장에 가기로 마음먹었다. 새벽 6시에 수영장으로 향했다. 수영 이틀째 되는 날, 그날은 근로자의 날이라서 남해 독일마을을 찾는 사람들이 많을 거라고 예상했다. 수영을 빨리 마치고 티라미수를 만들어야 했으므로 마음이 급했다.

수영을 마칠 때쯤, 수영 강사가 다가오더니 걱정스런 표정으로 물었다.

"손에 뭐가 많이 났네요. 혹시 밭일 해요?"

그 말을 듣고 내 손을 보니 상처투성이에 주부습진, 칼에 베인 곳 등 성한 데가 없었다. 손등에는 처음 본 두드러기가 여러 개가 올라와 있었다. 락스 물 알레르기인가? 두드러기가 없어질 때까지 수영장에 당분간 가지 않기로 결정했다. 두드러기를 별 대수롭지 않게 생각했다.

20대에 골다공증이라니

2017년 5월 첫째 주는 10일간의 연휴가 주어진 극성수기였다.

근로자의 날, 석가탄신일, 어린이날, 어버이날이 있는 데다 대통령선거까지 있었다. 근로자의 날인 5월 1일은 내 생일이기도 했다. 생일 카톡을 볼 시간도 없이 정말 바쁘게 일만 했다. 딸기 티라미수와 생딸기 라테가 대박을 쳐 일 매출 1,000만 원을 찍었다. 퇴근 후 쓰러지듯 누워 잠이 들고 아침 일찍 출근하기를 반복했다.

연휴의 마지막 날, 그날은 일요일이었다. 긴장이 풀렸는지 화장실에서 구토를 하고 어지럼증이 심해 결국 응급실로 실려갔다. 링거를 맞으며 팔을 보았는데, 손등에 몇 개 있던 두드러기가 온몸에 퍼져 있었다. 너무 징그럽고 간지러웠다. 두드러기를 보니 멘털이 붕괴되어 우울증이 올 것 같았다.

이후 급하게 카페 매니저를 구해 카페를 맡기고, 어떻게든 징그러운 두드러기를 없애고 싶어 한 달간 진주와 부산에 있는 병원, 한의원을 돌아다녔다. 알레르기 검사를 했는데, 다행히 아무 이상은 없었다. 의사들의 소견을 종합하면 피로와 스트레스로 인해 면역력이 떨어져서 몸 안의 독소들이 두드러기로 올라온 것이었다. 그리고 식사도 불규칙하고 제대로 먹지 않아서 이대로 가다가는 골다공증까지 올 수 있다고 했다. 20대에 골다공증이라니 충격적인 얘기였다.

의사는 내게 스트레스 관리를 하라고 하는데 어떻게 관리하는지를 몰랐다. 게다가 두드러기가 올라온 징그러운 팔을 보는 것은 더더욱 스트레스였다. 이대로 지속되면 만성두드러기가 된다고 했다. 그 이야기는 정말 끔찍하고 공포스러웠다.

다시 가게에 복귀하다

피부가 이렇다 보니 아무도 만나기 싫었다. 며칠을 우울하게 지내다 바닷가에 산책을 가서 여유롭게 책을 읽으며 멍하니 바다를 보고 앉아 오랜만에 햇빛을 쐤다. 두드러기로 덮인 팔이 다시 간지럽기 시작했다. 갑자기 눈물이 나 서럽게 펑펑 울었다. 울고 나니 기분이 한결 나아졌다.

어쩌면 나를 알아가는 시간이 필요했던 것이 아니었을까? 바쁘다고 힘들다고 방치해버린 내 몸은 병이 들어 있었다. 몸이 아프니 가족과 지인들에게 짜증과 화를 냈던 내 자신이 너무나도 부끄러웠다.

아무도 내 아픔을 대신해줄 수 없었고 혼자 이겨내야 했다. 아침마다 바닷가에서 산책을 하자 부기가 빠져 몸이 가벼워졌다. 매일매일이 스트레스고 짜증투성이였는데, 어느새 긍정의 에너지가 나오기 시작했다. 그렇게 두드러기는 두 달 만에 서서히 없어졌고, 나는 다시 가게에 복귀했다. 카페 손님을 웃으며 다시 반길 수 있음에 행복했다.

손님들이 보내준
한 달간의 남미 여행

여행을 못 가게 한 사람은 바로 나였다!

카페 문을 열고 11개월간 쉬는 날도 없이, 아침부터 밤늦게까지 나는 세상에서 가장 열심히 일하는 사장이 되어 있었다. 그렇게 주 5일제 회사보다 3배나 적게 쉬면서 일중독자가 되어 앞만 보며 달려왔다. 돈을 많이 벌면 정말 행복할 줄 알았는데, 전혀 그렇지 않았다. 다시는 병원에 가고 싶지 않았다.

내가 왜 카페를 차렸는지 되돌아보았다. 승무원이 되고 싶었던 것도, 미국에 가고 싶었던 것도, 카페 사장이 된 것도 모두 다 자유롭게 여행을 떠나고 싶었기 때문이다. 그런데 내가 원하면 언제든 시간을 낼 수 있는 사장인데도 스스로 나를 속박하고 있었다. 여행을 떠나야겠다는 것 외엔 아무 생각이 나지 않았다. 뭔가 터닝포인트가 필요했다. 수고한 나에게 '휴가'를 줘야겠다고 생각했다.

다람쥐 쳇바퀴 도는 카페에서 벗어나고 싶었다. 해외여행을 가서 11개월간 응어리진 마음을 떨쳐버리고 싶었다. 그리고 이제껏 보지 못한 새로운 것, 다양한 것, 여러 가지 아이템, 색다른 아이디어도 얻고 싶었다.

"젊은 사람이 정신 못 차렸네"

당시 페이스북 지인 중에 아주 재미있게 여행을 하는 멋진 여행자가 여행사를 차려 남미 여행 패키지 1기 여행객을 모집한다는 걸 알게 되었다. 나는 패키지여행을 선호하지 않은 편이지만 카페 일이 바빠서 여행 일정을 짤 시간도 없었고, 그의 팬이었으므로 묻지도 따지지도 않고 신청했다. 한국에서 가장 먼 나라, 세상과 단절된 곳에서 나를 돌아보고 싶었다.

다섯 명이 신청했었는데, 세 명이 갑자기 취소를 해버렸다. 시간은 얼마 안 남았고 이대로 남미 여행이 취소되면 어떡하나 걱정이 되었다. 혼자서라도 떠나야 하나 고민을 하며 여행사 대표님에게 연락을 했다. 그는 내가 항공권도 끊고 투어비도 냈으니 남은 한 명이 입금하면 처음이니 손해를 보더라도 여행사의 미래를 위해 출발하겠다고 했다.

이 말을 듣고 나는 신청자 한 명에게 "지금이 최고의 기회인 것 같다. 대표님 포함 3명이서 가니 이 정도면 개인 투어이지 않냐?

이런 흔치 않은 기회에 함께 가자"고 계속해서 카톡을 보냈다. 결국 그가 합류함으로써 남미 여행이 확정되었다. 나중에 알게 된 사실인데, 그는 내가 하도 적극적으로 연락을 해와서 여행사 대표와 한패인 줄 알았다고 했다. 얼굴도 모르는 사람에게 같이 가자고 끈질기게 요청할 만큼 내겐 남미 여행이 절실했다.

남해는 작은 섬이다 보니 내가 한 달간 남미 여행을 떠난다는 이야기가 온 동네에 알려졌다. 나를 응원해주시는 손님들도 있었지만, 나의 속사정을 모르는 사람들은 "사장이 카페 안 지키고 여행이나 가고 배불렀다" "젊은 사람이 정신 못 차렸네" 등 안 좋은 말이 들려왔다. 남 눈치 안 보고, 남 이야기 신경 안 쓰는 나는 귀를 막았다. 부모님을 포함해 나를 걱정해주는 사람들은 "그러다가 손님들이 다 떠나면 어쩔 거냐?"고 물었다. 나는 "여행 가서도 SNS로 카페를 더 많이 알리고 소통할 것이다"라고 답했다. 블로그에 남미 여행기를 올리고 카페를 적극 홍보하기로 했다.

여행을 가 있는 동안 카페에서 일할 아르바이트생을 뽑고 부모님이 전체적인 관리를 해주기로 했다. 매출은 잠시 잊기로 했다. 사실 카페를 차리고 첫 해외여행을 떠났던 2016년 당시만 해도 보수적이었던 한국 사회에서 사장이 한 달간 여행을 떠난다는 것은 매우 신중하게 생각해볼 일이었다.

여행을 떠나기 전에 최대한 많은 것들을 준비해놓으려고 전날까지 열심히 일하다가 결국 몸살이 걸려 링거를 맞고서 비행기에 몸을 실었다. 그렇게 카페 오픈 첫해 남미로 한 달간 배낭여행을

남미 여행 일행과 함께 이카사막으로 가는 버스터미널 앞에서

떠났다. 이 글을 쓰면서 당시 남미 여행의 출발지였던 페루에서의 사진을 찾아봤더니 몸 상태가 안 좋아 나의 표정이 그리 밝진 않았다.

미래를 위해 현재를 투자하는 욜로여행사 정기현 대표님의 마인드에 남미 여행 내내 자극을 받았고, 나 또한 많은 생각을 하게 되었다. 이렇게 힘들게 일만 하다가는 내 체력은 바닥나 몸은 병들고, 결국 카페 운영을 얼마 못할 것만 같았다. 어떻게 하면 펠리스 카페를 오랫동안 운영해나갈 수 있을까라는 생각을 여행을 하는 내내 떨쳐버릴 수가 없었다. 스물일곱 살에 처음 경영해본 65평 카페가 내게는 너무나도 큰 숙제였다(지금은 120평이 되었다).

페루 마추픽추에서 펠리스 카페 맞춤 티셔츠 입고 열심히 홍보 중

어차피 일어날 일은 일어난다

페루의 수도 리마에 도착했다. 자고 일어나서 숙소 테라스에 앉았다. 꿉꿉한 더위, 시끄러운 오토바이 소리, 매연 냄새 비슷한 특이한 냄새마저 마냥 좋았다. 밖을 멍하니 바라보다가 테라스에서 깜빡 잠이 들었다. 그 모습이 재밌었는지 여행사 대표님이 영상을 찍었는데 아주 행복한 표정이었다.

둘째 날에는 이카사막에 갔다. 그곳은 시내와 떨어진 낙후된 지역이라 로밍을 하고 갔지만 인터넷이 잘 터지지 않았다. 사람을 못 믿어 늘 CCTV를 확인하며 일하던 탓에, 인터넷이 안 되어 한국과 연락이 닿지 않으면 굉장히 불안했다.

틈만 나면 여기저기 펠리스를 들이댐!

그렇게 며칠간 한국과의 연락에 집착하며 잠을 이루지 못해 피곤함을 달고 지내다가 지금 여기까지 와서 뭐 하는 짓인가라는 생각이 들었다. 내려놓자고 떠나온 여행인데 완벽주의자인 나는 남미까지 와서도 일을 내려놓지 못하고 있었다.

재충전을 위해 여행을 선택했다면 나머지는 믿고 맡기며 잊어버려야 했다. '어차피 터질 일은 터지겠지. 사람을 못 믿겠으면 가게에 처박혀 일만 하면 된다. 그러면 아무 일도 안 일어나고 돈을 많이 모을 것이다. 나 대신 일할 사람을 구해놓고 이 멀리까지 오지 않았는가. 가게 문을 닫았으면 수익이 전혀 없을 테지만, 내가 없어도 수익이 발생되고 있으니 감사하지 않은가. 한 달 비운다고 해서 절대 망하지 않는다. 내가 여행 중 사기를 당하거나 가게에 불이 나지 않는 이상…. 사람을 믿지 못하는 마음 때문에 불안했다면 처음부터 오지 말았어야 했다.'

이런 생각을 하며 마음을 다스렸다. 처음 며칠간은 힘들었지만 별일 안 생긴다는 걸 알게 된 이후부터는 마음이 편안하고 자유로워졌다. 지금 이 순간을 즐기기로 했다.

페루에 오기 전에는 굉장히 못 사는 나라여서 이곳 사람들은 아주 힘들게 살 줄 알았는데, 와서 보니 나보다 더 여유롭고 행복해 보였다. 카페를 갔는데 사람들이 반갑게 맞이해주고, 흥이 많은 그들은 연신 실룩쌜룩 몸을 흔들며 신나게 일하고 있었다. 그 모습이 아직도 잊히지 않는다. 나는 매일매일 다람쥐 쳇바퀴 돌듯 열심히 일해서 돈을 벌었지만 만성 피로에 시달리며 살았다. 그래서 도망치듯 이곳으로 여행을 온 건데, 여기 사람들은 나보다 돈을 적게 버는데도 일을 즐기며 진정 행복하게 사는 게 느껴졌다.

달의 계곡을 닮은 아타카마 사막

나는 예전부터 오지에 관심이 많았던 터라 아타카마 사막에 있는 '달의 계곡'이 정말 흥미로웠다. 바람과 물에 깎이고 남은 지형이 달의 표면을 빼닮아서 이런 이름이 붙었다. 지구에도 달처럼 사람의 때가 묻지 않은 곳이 있을까? 달의 계곡 투어 마지막은 일

절벽 같은 이곳에서 샌드보드를 탔다. 처음엔 정말 무서웠는데 두 번째부터는 스릴을 만끽했다.

몰을 보며 끝이 나는데, 아무것도 없는 이곳을 걷다 보면 정말 달에 와 있는 듯한 착각이 들 정도였다. 내가 좋아라 하던 드라마 〈별에서 온 그대〉 도민준 씨가 사랑한 그곳이기도 했다.

낭떠러지 앞쪽 자리에 앉아 일몰을 기다렸다. 발길이 닿을 수 없는 황량하고 드넓은 사막 쪽을 바라보았다. 자연 그대로의 모습을 바라보며 일몰을 기다리는데, 너무 아름다워 눈물이 났다. 달에 가면 정말 이런 풍경이 아닐까? 일몰을 바라보며 가족의 건강과 펠리스 카페의 번창, 행복한 나의 미래를 기원했다. 다음번

달의 계곡에서 일몰을 기다리며

에는 꼭 사랑하는 사람과 이곳에 다시 오게 해달라는 소원도 빌었다. 그 어떤 여행에서도 느끼지 못한 황홀한 느낌을 받은 그날의 감동을 잊지 못한다. 그리고 이런 감동과 환상의 대륙 남미를 내게 선사해준 사람은 다름 아닌 펠리스 카페 손님들이었다는 걸 깨달았다. 그리고 생각했다. 이 여행이 끝나면 카페 손님을 남미에 보내자고.

고객에게
남미 여행을 선물하다

마케팅 수업 들으러 남해에서 첫차 타고 서울로

남미를 다녀온 뒤 새로운 방식으로 카페 경영을 해보기로 마음먹고 책도 읽고 인터넷도 뒤지며 나름 열심히 경영 공부를 했다. 하지만 당시 나는 고작 20대였고, 사업을 해본 경험도 없었고, 조언을 구할 만한 지인도 없었다. 뾰족한 해답을 찾기는 힘들었다. 그러던 어느 날 인터넷에서, 자영업자들을 대상으로 마케팅, 홍보, 경영 등 여러 가지 수업을 하는 강의를 발견했다. 비용이 생각보다 많이 들었지만, 투자라 생각하고 경영 수업을 듣기로 했다. 없는 시간을 쪼개서 매주 목요일마다 당일치기로 남해에서 새벽 6시 첫차를 타고 4시간 30분 걸려 남부터미널에 도착해 지하철을 타고 여의도로 가서 수업을 들었다.

수업 참가자들은 대부분 카페를 운영하는 사장님들이었고 40~

50대였다. 나만 20대였다. 다들 내게 나이도 어린데 남해에서 서울까지 매주 수업을 들으러 오는 열정이 대단하다며 칭찬을 해주었다. 그리고 내가 남미 여행을 다녀왔다는 얘길 듣곤 어떻게 한 달이나 자리를 비우고 해외여행을 다녀올 수 있냐며 놀라워했다. 한 달간 여행을 다니는 자영업자 사장님들은 아무도 없었다.

수업 주제는 특색 있는 카페, 오고 싶은 메뉴를 만드는 방법을 찾는 것이었다. 각자 시그니처 메뉴를 정했는데, 다들 비슷비슷했다. 주로 케이크 종류를 선택했다. 나는 남들과 좀 다른 걸 하고 싶었다. 당시 우리 카페에서는 케이크도 잘 나갔지만 가장 잘 나가는 메뉴는 독일 소시지였다. 독일 소시지를 보다 부각시키는 게 좋겠다는 생각이 들어 시그니처 메뉴로 정하고 '소시지 팔아 세계여행'이라는 슬로건을 만들었다.

남미 여행을 갔을 때 도착 후 며칠 동안은 가게 걱정에 안절부절못했지만, 여행을 즐기고 돌아오니 재충전은 물론 여러 가지 아이디어도 얻었다. 그리고 무엇보다 가게를 행복하게 운영해야겠다는 생각이 들었다. 또한 다른 카페 사장님들에게도 해외여행을 다녀와도 사업에 지장이 안 생긴다는 희망을 주고 싶었다.

당시 나는 가게 홍보를 위해 블로거를 조금씩 시작했는데, 나의 스토리가 재밌었는지, 블로거를 보고 가게를 찾아오는 사람들도 꽤 있었다. 특히 "어린 사장님 세계여행 갈 수 있게 소시지 팔아주러 왔어요" 하며 서울에서 찾아오신 손님, 아직도 그분의 얼굴이 기억에 남는다.

펠리스 카페에서 브런치 먹고 남미 여행 떠나자

2016년 12월 중순에 남미 여행을 마치고 돌아와 카페 운영 1주년과 연말연시를 맞아 그간 성원해준 고객들에게 보답하고자 '펠리스 카페에서 3만 원 상당의 브런치를 먹고 남미 배낭여행 떠나자!'라는 이벤트를 마련했다. 여행을 사랑하는 한 사람으로, 고객들과 남미에서 느꼈던 환희와 감동을 나누고 싶었다.

1등에겐 30일간 남미 5개국(페루, 볼리비아, 칠레, 아르헨티나, 브라질) 투어 비용 100% 지원, 2등(1명)은 투어 비용 50% 지원, 3등(2명)은 펠리스하우스 숙박권, 4등(10명)은 펠리스 카페 음료 이용권을 주기로 했다. 이 소식을 페이스북에 올렸더니 신문사, 라디오 방송국으로부터 촬영 제의를 받았다. 남해군에서 인터뷰를 해서 이 내용이 신문에 나오자 남해군 내 다른 가게들도 연락을 해와 이벤트에 함께 참여했다. 5등(5명)에게는 남해 토굽스커피 샌드위치, 보너스상(5명)으로 남해 꿀비닭강정의 콜닭이 주어졌다.

요즘은 주로 인스타로 홍보하지만 당시에는 페이스북과 블로그가 대세였다. 남미 여행을 노려 남해를 방문해야겠다는 사람들의 댓글이 줄을 이었다. 남해, 진주, 사천뿐만 아니라 멀리 부산 심지어 서울에서도 찾아왔다.

200명이 넘는 많은 사람이 응모했다. 공정성을 위해 2017년 1월 1일 페이스북 라이브를 통해 추첨을 했다. 1등은 대학교를 갓 졸업하고 은행에 합격해 입사 준비 중인 사람이었다. 패키지여행 비용 외의 개인 경비를 물어보더니, 만만치 않았는지 생각을 해

'소세지 팔아 세계여행' 홍보 중

본다고 했다. 입사 전 충분히 여행할 수 있는 기회인데도 포기하고 말았다. 나였더라면 부모님께 빌려서라도 떠났을 텐데 굉장히 안타까웠다. 훗날 연락이 왔는데 그때 미친 척 떠날 걸 너무 후회가 된다고 했다.

2등으로 당첨된, 진주에서 카페를 운영하는 사장님에게 기회가 돌아갔다. 20대 초반부터 장사를 시작해 경제적 여유가 있는 분인데도 해외여행을 못 가봤다고 했다. 그동안 열심히 살았던 자신에 대한 선물이라며 가게가 망하더라도 떠날 거라고 했다.

첫 해외여행을 여행의 끝판왕 남미로 가게 된 그 사장님은 캐리어도 없어서 빌리고, 영어를 못해 A4 꽉꽉 채운 입국심사 영어와 주의사항을 공부해서 떠났다. 대기 시간이 10시간이 넘는 경유지에서 남들은 다 밖에 나가 여행하고 돌아오는데 자신은 길

남미여행 경비지원 이벤트 '떳다'

독일마을 펠리스카페, 1주년 감사이벤트 마련

1등에 269만원 상당 남미대륙 5개국 배낭투어비용 걸어

펠리스카페의 권진실 씨가 11월 한달간 다녀온 남미5개국 여행의 감동을 고객과 나누고자 이벤트를 마련했다. 사진은 페루 마추픽추에서 현지소녀와 함께.

최근 한달여간 환상의 대륙 남미를 여행하며 광활한 자연에 물들어 마음까지 광활(廣闊)해져버린 독일마을 펠리스카페의 권진실 대표가 카페 1주년을 맞아 남미여행의 그 감동을 상품으로 하는 이벤트를 걸어 눈길을 끌고 있다.

올 연말까지 진행되는 이벤트는 '펠리스(Feliz)카페에서 3만원이상을 먹거나 마시면 응모권 1장이 부여되며 추첨결과는 새해 첫날 저녁에 발표된다.

이번 이벤트의 1등 경품은 30일 간 남미 5개국(페루, 볼리비아, 칠레, 아르헨티나, 브라질)을 여행하는 269만원 상당의 배낭투어비용 지원이다. 구체적으로는 한달 간 전 일정 인솔자 동행과 남미 내 비행이동 5회에 대한 경비지원이며, 한국-남미 간 항공권과 현지투어에 드는 교통경비, 숙식비, 팁 등 개인비용은 별도의 자부담이 필요하다.

또 2등에게는 배낭투어 비용의 50%를 지원하고, 3등 2명에게는 펠리스게스트하우스 이용권이, 4등 10명에게는 펠리스카페 음료이용권(6000원)이 주어진다. 400만원을 훌쩍 넘기는 경품비용이다. 펠리스카페의 이벤트소식에 군내 업체들의 협찬도 이어져 5등 5명에게는 남해토릅스커피 샌드위치(4000원)가, 보너스상으로 5명에게 남해꿀비닭강정의 콜닭이 주어진다.

이벤트상품은 여행일정 등이 정해져 있는 관계로 일정이 맞지 않는 상황을 고려해 양도할 수는 있으나 현금지급은 불가하다.

권 대표는 "카페 운영 1주년을 맞아 그간 성원해준 고객님들께 보답하고자 이벤트를 마련했다"며 "여행을 좋아하는 한사람으로서 물질적인 선물보다는 제 스스로가 남미여행에서 느껴왔던 환희와 감동 등 경험적인 선물을 나누고 싶어 배낭여행을 상품으로 걸었다"고 말했다.

카페1주년과 크리스마스, 연말연시에 즈음해 마련한 이번 이벤트는 카페이름의 의미처럼 '즐거운' 이벤트이기도 하면서 스스로가 여행에서 느낀 감동을 타인과 나누는 일이기도 하고, 고객들이 펠리스카페와 더불어 남해를 적극적으로 찾게 만드는 여러모로 더불어 의미 있는 이벤트인 것 같다.

이미 권진실 대표가 운영하는 페이스북에는 '올해가 가기 전에 남해를 방문해 남미여행의 행운을 노려보겠다'는 댓글들이 올라오고 있다.

산속의 염전 살리네라스(페루), 고대도시유적 마추픽추, 볼리비아 우유니 소금사막의 그림 같은 풍경이 눈에 아른거리고, 모레노빙하(아르헨티나)와 이과수폭포(브라질)가 들려주는 대자연의 변주가 귓가에 들려오는 것 같다면 이번 이벤트에 도전해보시라.

사랑하는 이에게, 또는 스스로에게 남미여행을 선물할 수 없다면 올해가 가기 전, 펠리스카페에서 브런치라도 선물한다면 그 한 끼는 새해 첫날까지 이어지는 '즐거운' 여운으로 작용하는 한 끼가 될 것이다. 그런 후 떠오르는 새해 첫 태양에 간절함을 담아본다면 의외의 행운을 안게 될 수도 있을 것이다.

이벤트에 관한 자세한 내용은 페이스북에서 '독일마을 펠리스카페'를 검색해 참고하면 된다.

한편 펠리스카페에서는 지난 24일~25일 크리스마스와 이브 이틀간 가위바위보를 이긴 고객에게 막대사탕을 선물하는 이벤트도 펼치는 등 카페 이름값을 톡톡히 하고 있다.

김종수 시민기자

〈남해시대〉에 실린 기사

을 잃을까 봐 긴장된 마음으로 게이트 앞에서 10시간을 기다렸다고 한다. 그분은 남미 여행을 하는 동안 매일 감사하다고 연락이 왔다. 너무 아등바등 살아왔는데, 거대하고 웅장한 자연을 볼 때마다 너무 슬퍼서 울었다고 한다. '이 좋은 것을 왜 이제야 나에게 보여줬지, 돈보다 더 중요한 게 있구나, 이게 사람 사는 거구나라며 슬픔과 즐거움이 동반된 여행이라고 말했다.

현재 그분은 남미 여행 중 사업 영감을 많이 받아 남들이 쉽게 모방할 수 없는 남미 음식점을 차려서 운영 중이다. 나는 남미가 그리울 때마다 한 번씩 그곳에 들러 식사를 한다.

그렇게 카페 운영 1주년 기념으로 남미 여행 이벤트를 벌인 후, 이에 그치지 않고 위안부 할머니들에게 기부도 했다. 당시 남미 여행을 함께한 남미 여행사 대표님도 여행 수익의 일부를 기부했다. 나에게는 매우 의미 있는 1주년이었다.

경제적 자유에 눈뜨다

심장을 들끓게 만든 한 권의 책

11개월 일하고 한 달간 세계여행을 떠났지만, 11개월 동안 나의 삶은 불행했다. 그 여행을 위해 11개월 동안 내 몸을 보살피지도 건강관리도 하지 않았기 때문이다. 돈의 노예가 되어 아침부터 저녁까지 몸이 부서져라 일만 했다. 만성피로를 달고 살면서 응급실에도 여러 차례 실려갔다.

여행의 경험만 가득 찼지 돈에 관심이 없었던 나는, 비즈니스 경험이 부족했고 적금 외엔 돈 불리는 법도 몰랐다. 카페를 운영하며 꽤 많이 모은 돈을 3년이라는 시간 동안 월 4.5% 이자로 적금을 했더니 300만 원이 넘는 이자가 붙었다. 너무나도 행복했다.

그런데 어느 날 《부의 추월차선》이라는 책을 선물 받았다. 책을 읽다 문득 내가 뭔가를 잘못하고 있음을 깨달았다.

《부의 추월차선》에서 가장 기억나는 부분은 저자 엠제이 드마코의 인생을 바꾼 90초였다.

우연히 저자 앞에 나타난 드림 카 '람보르기니 카운타크'. 드마코는 분명 차 주인이 주름이 자글자글하고 머리가 희끗할 거라 생각했는데 젊은 남자가 차에서 내리는 것을 발견한다. 드마코는 그를 운동선수이거나 금수저로 단정지었다. 당시 10대였던 드마코는 용기를 내 그에게 직업을 물어봤는데, 놀랍게도 '발명가'였다. 그때부터 그는 매일 군것질을 하고 드라마를 보던 습관을 끊고, 평범하게 태어나 백만장자가 된 젊은 부자들에 대해 연구하며 '부의 추월차선'을 찾기 위한 여정을 시작한다.

처음에는 사기꾼이 쓴 글인가라는 생각이 들었다. 이해가 되지 않았다. 하지만 책을 두세 번 읽고 나니 나의 심장이 들끓기 시작했다. 책에서 본 많은 멋진 말들이 나를 20대 건물주로 만들어줄 것만 같았다.

"월급의 20%를 저축해라. 자신의 포트폴리오를 만들어 꾸준히 투자해라. 50년 뒤에는 부자가 되어 있을 것이다."
"나는 몇 분 안에, 늦어도 한 시간 안에 고객의 이메일에 응답하는 것으로 유명했다. 나는 고객들로터 믿음을 얻는 법을 배웠고 사업은 번창해갔다."
"빠르게 돈을 번다는 것은 차근차근 모으는 것이 아니라 기하급수적으로 벌어들이는 것이다."

"변화는 순간적으로 일어날 수 있다."

"휠체어 탈 나이에 람보르기니를 몰고 싶은가? 차라리 지금 젊을 때 경제적 자유를 이루어라."

"지금 하고 있는 직장을 나가고 사업을 해라."

이런 사고방식은 나에겐 정말 쇼크 그 자체였다. 드마코는 수많은 실패를 거듭한 뒤 돈을 버는 시스템을 구축했고 33세에 억만장자가 되었다.

쫄보, 부동산 투자를 시작하다!

《부의 추월차선》을 읽고 난 뒤 자극을 받아 공부를 시작했다. 세상에는 공짜가 없다는 걸 이내 깨달았다. 유튜브에 나오는 가짜 정보 말고, 진짜 공부를 하고 싶었다. 인터넷 강의로 유명한 한 사이트에서 부동산 투자 기초 수업 하나와 경매 수업 2가지를 큰맘 먹고 결제했다. 그런데 투자 경험이 없던 내겐 수업 내용이 너무 어려웠다. 게다가 투자라는 것 자체가 큰돈을 벌 수도 있지만 잃을 수도 있는 리스크가 있기에 두려움이 앞섰다.

하지만 마지막 강의를 마치며 선생님은 "지금 이 강의를 듣고 무섭다고 가만히 있으면 당신은 영원히 평범하게 살 것이고, 경험을 해보면 더 큰사람이 되어 있을 것이다"라고 말했다. 겁쟁이인 나는 그 말을 듣고 갑자기 확신이 생겼다. 그래, 투자 실패도 경험이니 한번 해보자! 나도 큰사람이 되고 싶다!

남해에 건물과 상가를 많이 가지고 있는 사장님을 찾아가 도움을 구했다. 나도 부동산 투자를 하고 싶다고. 정말 재밌는 게 당시 신축 아파트가 분양을 시작해 그 사장님도 그곳에 투자를 한다고 하셨다. 타이밍마저 최고였다. 옆에서 지켜보는 것만으로도 정말 멋진 경험을 할 수 있는 기회라고 생각했다. 그래서 실전 경험이 없는 나는 그분을 따라 분양사무소로 갔다. 사실 이때까지만 해도 나는 정말 쫄보라 이곳에 투자할 생각이 없었다. 그저 따라가서 옆에서 배우고 싶은 마음이었다.

하지만 그 사장님이 분양사무소에서 화끈하게 거래하는 모습을 보고, 나도 그분 바로 아래층 집을 계약해버렸다. 그렇게 나는 정말 건물주가 되었다(정확히는 건물주가 아니라 내 명의 아파트를 갖게 되었다)! 당시 내가 갖고 있던 여윳돈은 4,000만 원에 불과했다. 나머지 금액은 대출을 받았다. 대출이자는 세입자가 매달 내는 월세로 충당했다. 대출이자를 내고도 20만 원가량 남았다. 그 돈으로 주식투자를 시작하면서 돈을 불려나갔다. 1년 뒤에는 월세를 전세로 돌렸다.

투자 경험이 전혀 없었기 때문에 더 열심히 공부했던 것 같다. 내가 읽은 무수히 많은 부자들이 쓴 책에서 저자들은 공부하지 않고 한 투자는 도박에 불과하다고 말했다. 나는 지금도 공짜 수업 말고 돈을 내고 수업을 듣는다. 그리고 성공한 사람들의 책을 읽는다.

2023년 서울국제식품산업전에서 그토록 뵙고 싶어 하던 김승호 회장님을 만났다.

내가 제일 존경하는 사람은 김승호 회장님과 켈리 최 회장님이다. 그분들에게 정말 감사한 게 책값 15,000원, 20,000원으로 너무나 많은 것을 알려주고 있다. 책을 통해 그분들이 걸어간 길, 그분들의 가치관과 멋진 마인드를 배운다. 먼 훗날 그분들을 만나서 함께 식사하는 상상을 해본다.

그렇게 놀러 다니면 넌 결국 망할 거야!

가난해서 여행을 못 갈까? 여행을 다니면 가난해질까?

"그렇게 여행 다니며 돈을 쓰다 보면 부자가 될 수 없고 결국 넌 망할 거야!"

스무 살 때부터 제일 많이 들었던 말이다. 그 말이 맞다면 매년 방학 때마다 해외여행을 다닌 나는 지금 거지가 되어 있어야 한다. 지금 와서 생각해보니 오롯이 여행을 위해 돈을 모았던 나는 외모, 액세서리, 명품, 옷 등에는 전혀 관심이 없었던 게 신의 한 수였을 수도 있겠다.

어느 날 지인이 명품백을 480만 원 주고 샀다고 자랑을 했다. 그러면서 자신은 시간도 없고 여행 갈 돈도 없다며, 여행 많이 다니는 내가 부럽다고 이야기했다. 돈과 시간의 문제가 아니라 삶의 방향과 가치관이 너무 달랐을 뿐이다.

카페를 시작하고도 나는 여전히 여행을 자주 다닌다. 여행을 하다 보면 문득 드는 생각이 있다. '어떻게 하면 돈과 시간에서 더 자유로워질 수 있을까?' 물론 일과 돈의 노예가 되어 시간이 없을 수도 있다. 하지만 '안 된다'라는 말은 안 되는 이유만 계속 찾게 한다. '할 수 있어'라고 생각하면 내가 원하는 삶이 만들어진다.

일 년치 휴가 한 번에 몰아 쓰기

성수기와 비수기의 차이가 뚜렷한 남해 독일마을은 나에게 긴 휴가를 주기에 딱 좋은 장소이다. 성수기에 쉬는 날 없이 바삐 일하고, 관광지 특성상 비수기인 겨울을 노려 한 달씩 여행을 떠나기로 마음을 먹었다. 닭장 속의 닭이 되어 갇혀 있는 사장보다는, 새로운 세상에서 다양한 경험을 통해 성장하며 내 가게를 오랫동안 유지하고 싶었다.

하지만 사람들은 "여행을 가더라도 사장이 어떻게 무책임하게 한 달씩이나 길게 떠나냐?"고 물었다. 한 달(30일)이라는 시간이 길게 느껴질 수도 있지만, 30일을 1년(12개월)으로 나누어보면 한 달에 2.5일 쉬는 꼴이다. 직장인들은 주 5일 근무하고 공휴일도 쉬고 연차까지 쓸 수 있으니 나보다 쉬는 날이 훨씬 많다. 그래서 이 정도의 보상은 필요하다고 생각했다.

이것저것 생각하면 안 되는 이유만 늘어나고 머리만 아프다. 하루 종일 가게를 지키고 앉아 있다고 장사가 더 잘된다는 보장

커피와 쿠키를 먹으며 바라보는 일출은 말로 표현할 수 없을 만큼 멋지다.
세상에서 가장 높고 멋지고 비싼 카페는 알고 보면 비행기 안이 아닐까?

은 없다. 사장이 없어도 잘 돌아가는 시스템을 만들면 문제가 해결된다. 첫 번째 남미 여행은 갑자기 떠나게 되어 급하게 아르바이트생을 구하고 부모님이 관리해주었다. 그다음 해에는 내가 여행 가 있는 동안 책임감 있게 카페 일을 도맡아 할 수 있는 든든한 매니저를 구하기로 했다.

어떤 사람이냐가 제일 중요했다. 때마침 남미 여행 경험이 있는 아는 동생이 잠시 직장을 쉬고 있었다. 나 대신 일해주면 어떻겠냐고 제안했더니 자신도 남해에서 살아보고 싶었다며 흔쾌히 수락했다. 그는 새로운 공간과 새로운 도전을 즐기는 데다 여행이 주는 감동을 잘 알고 있다. 내 삶을 이해해주는 이가 정말 운 좋게 내 앞에 나타난 것이었다. 4개월 동안 월급과 숙소를 제공해주는 조건으로, 두 달간 나와 함께 일하며 카페 업무를 배운 다음, 11~12월(1년 중 비교적 한가한 시기다) 두 달간 카페를 봐주기로 했다. 시기도 좋았고, 마침 좋은 친구도 나타났기에 나의 두 번째 여행이 시작되었다.

기회는 준비된 자만이 누릴 수 있다

이런 선택을 하게 된 것은 카페를 시작하기 전 27개국을 여행하면서 만난 사람들 덕분이다. 적게는 일주일에서 길게는 석 달까지 휴가를 받아 세계를 여행하는 외국인들을 많이 보았다. 젊은 사람부터 지긋한 연세의 노인분까지 연령대는 다양했다. 가끔 한국 사람들을 만나면 나이가 있으신 분들은 대부분 회사를 때려치우고 왔다고 했다. 젊은 사람들은 회사 입사 전 '마지막 여행'이라고 말했다. 나는 극단적으로 생각하는 사람들에게 자유롭고 과감하게 떠나도 괜찮다는 걸 알려주고 싶었다.

남들은 가게를 놔두고 어떻게 다니냐며 불안해했지만, 그런 말을 하는 사람들은 어릴 적에 사업을 해본 적이 없는 사람들이었고, 현실의 틀에 맞춰 사느라 생각만 하고 행동하기 주저하는 사람들이었고, 용기 있게 그런 경험을 해보지도 못한 사람들이었다. 기회는 늘 옆에 있고, 준비된 자만이 누릴 수 있지 않은가. 나는 내 경험을 통해 그것이 가능하다는 것을 증명해 보이고 싶었다. 그런 회사가 없다면, 그런 회사를 만들면 된다는 생각으로 일

필리핀 모알보알에서 스쿠버다이빙

과 여행의 균형을 잡고 싶었다.

카페 1년차에 남미 한 달 반, 2년차에 북유럽 한 달 반, 3년차에는 두 달간 스페인 바르셀로나, 4년차에는 미국 마이애미를 거쳐 파라과이 봉사활동, 아르헨티나까지 두 달간 여행했다. 5년차에는 코로나라는 생각지도 못한 복병 때문에 해외여행을 다니지 못했다. 코로나가 잠잠해진 후에는 스트레스가 많아질 때면 머리를 식힐 겸 몰디브와 필리핀, 일본을 다니며 스쿠버다이빙을 하며 조용한 바닷속에 들어가서 힐링하며 시간을 보냈다. 그리고 그렇게 여행을 다녀오고 나의 여행기를 조금씩 블로그에 쓰기 시작했더니 저절로 가게 홍보가 되었다. 그리고 많은 사람들이 나를 응원해주고 있다.

부모님과 함께한
두 번째 남미 여행

한 번도 가기 힘든 마추픽추를 두 번이나 오르다

2024년 2월 부모님과 남미 한 달 여행을 떠나게 되었다. 부모님은 한 달 해외여행은 처음이라며 옷은 뭘 챙겨야 하냐, 먹을 건 뭘 가져가야 하냐며 여행 준비에 걱정이 많으셨다. 한국을 떠나고서야 알게 되었는데 먹거리 걱정에 전투식량을 무려 45개나 챙겨오셨다.

13시간 동안 비행기를 타고 네덜란드에 도착한 뒤 다시 12시간 비행기를 타고 드디어 페루에 도착했다. 8년 전 펠리스 카페를 오픈한 첫해 해외여행으로 남미에 왔었다. 그땐 마추픽추를 걸어서 올라갔지만, 이번에는 함께 온 사람들의 평균 연령이 64세라 버스를 타고 올라갔다. 여행은 역시 돈을 쓰는 만큼 몸과 마음이 편해지는 것 같다.

구름과 안개에 쌓인 마추픽추

다만 예전에는 각자 흩어져 마추픽추 모든 공간을 자유롭게 돌아다니며 구경했는데, 지금은 오직 한쪽 길로만 걸을 수 있게 제한되어 있어 무척 아쉬웠다. 서킷(구경하는 코스)도 1, 2, 3, 4번까지 있는데, 우리는 서킷 1(상층, 단거리)과 서킷 2(상층, 하층, 장거리)를 구매해서 그 길로만 다녔다. 여행은 항상 '지금 이 순간'이 가장 빠를

뿐더러 제일 많은 혜택을 주는 것 같다. '나중'이 되면, 비용도 올라가고 상업적으로 변질되어 예전의 그 기분이 나지 않는 경우가 많다.

8년 전 이곳에 왔을 때는 햇볕이 강해 사진은 잘 나왔지만 너무 뜨거워 그늘을 찾아 휴식을 취하고 과자도 먹고 했었는데, 이번에는 완전 다른 분위기였다. 전날 비가 와서 그런지 구름과 안개에 쌓인 신비스러운 마추픽추를 구경했다.

부모님과 함께 온 분들은 티비에서만 보던 신비로운 도시를 드디어 실제로 봤다며 아이마냥 신나했다. 그 모습을 찰나의 순간으로 남기고 싶어 계속 카메라에 담았다. 사진 찍는 걸 좋아하지 않았던 내가, 함께 온 사람들의 행복한 모습을 카메라에 담는 것에 재미를 느끼기 시작했고, 이내 그들의 사진작가가 되었다. 남들은 죽기 전에 한 번 올까 말까 하는 마추픽추에 나는 부모님 덕분에 두 번이나 오게 되는 행운을 얻었다.

천국은 이런 곳일까

페루 여행을 마친 다음 볼리비아로 넘어왔다. 이번 여행의 두 번째 하이라이트인 우유니 소금사막으로 향했다. 전날 비가 많이 와서 걱정을 했는데 우리가 도착한 날은 날씨가 쨍했다. 게다가 우유니 소금사막에 물이 많이 차서 정말 거울에 반사된 것처럼 어디가 하늘이고 어디가 바닥인지 모를 정도로 너무 멋진 풍경이었

우유니 소금사막에서 자전거 타기

다. 여행사 대표님이 자전거도 준비해와서 하늘 위에서 자전거를 타는 듯한 기분으로 우유니 소금사막 이곳저곳을 누비고 다녔다.

우유니 소금사막의 두 번째 스팟을 찾아가는 차 안에서, 창밖을 바라보던 어머니가 "전에 진실이 외할머니, 외할아버지가 꿈에 나왔는데, 두 분이 손을 잡고 뛰어다니시던 곳이 여기랑 비슷하게 생겼어"라고 말씀하셨다.

"오늘은 어제 죽은 이가 그토록 그리던 내일이다"라고 하지 않았던가. 지금 떨어지는 이 석양을 바라볼 수 있음에 감사함을 느낀다. 어둠이 찾아오기 직전의 불빛을 바라보며 기도를 했다.

"이 여행이 끝나기 전에 엄마가 그리워하는 외할머니가 꿈에 나올 수 있게 해주세요."

평균 연령 64세, 다 함께 피츠로이를 등반하다

오늘은 세계 5대 미봉 중 하나인 피츠로이를 등반하는 날이다. 8년 전에도 등산을 하지 않았고, 이번에도 잠시 올라가다 중간 지점에서 내려오려고 등산화도 챙겨가지 않았다. 피츠로이는 해가 뜰 때 보면 고구마처럼 생긴 봉우리가 붉게 타오르는 것 같아 '불타는 고구마'라는 별명을 가지고 있다.

아침을 간단히 먹고 13명이서 등반길에 올랐다. 70이 넘은 분들도 계시니 중간에 내려오면 되겠지라는 생각으로 가볍게 시작했다. 8킬로미터까지는 평지라서 별로 힘들지 않고, 나머지 2킬

멋진 피츠로이 정상

로미터 정도가 경사도 심하고 돌산을 올라가야 해서 힘들다는 리뷰를 많이 보았다. 6킬로미터쯤 가다 보면 중간 지점 캠핑장이 나오는데, 여기서 캠핑을 하는 사람들도 있다. 등산객들의 베이스캠프라고 생각하면 된다.

우리는 피츠로이를 바라보며 잠시 쉬면서 점심식사를 했다. 나는 부모님이 45개나 챙겨온 전투식량을 좋아하지 않아 여행 중 한 번도 먹지 않았는데, 이곳에서 멋진 뷰를 바라보며 먹는 제육덮밥은 정말 잊을 수 없는 맛이었다. 지금도 제육덮밥만 보면 피츠로이가 생각난다.

식사 후 다시 걷기 시작했는데 본격적으로 경사가 심해졌다. 74세 왕언니가 못 올라오면 어쩌나 하고 걱정을 했지만 왕언니도 씩씩하게 완등을 했다. 13명 모두가 함께 올라왔기에 가능하지 않았을까. 정상에서 여우도 보고, 멋진 피츠로이를 가까이서 보니 너무나 아름다웠다. 서로 대단하다며 위로를 하며 휴식하다 내려가는데 올라올 때보다 내려가는 길이 더 위험했다.

그래서 정말 느긋느긋 여유를 부리며 카프리 호수 중간 지점까지 내려왔다. 잠시 호수에 발을 담궈 피로를 풀며 남아 있던 빵과 전투식량을 먹었다. 원래 여기까지만 왔다 돌아가려고 했는데, 정상에 안 갔으면 얼마나 아쉬웠을까.

이제 경사도 완만해서 속도를 내며 내려가는데, 아버지가 계속 뒤처졌다. 화장실이 가고 싶었던 나는 "왜 이리 느려요. 빨리빨리 오세요"라고 말하곤 먼저 후다닥 내려가버렸다. 호텔에 도착해서야 아버지가 15년 전에 다치셔서 십자인대가 늘어난 후유증으로 다리를 절뚝이며 힘들게 내려왔다는 사실을 알게 되었다.

왜 나는 그동안 이 사실을 알지 못했을까? 가장의 무게 때문에 항상 강해 보이려고 했던 걸까? 걱정할까 봐 이야기를 안 한 건가? 아니면 내가 너무 무심했던 걸까? 아마 세 가지 다 맞는 말일 것 같다. 그것도 모르고 빨리 오라며 재촉을 했으니 죄송한 마음에 울컥했다.

꿈꾸는 자만이 세상을 누릴 수 있다

남미 여행의 마지막 하이라이트인 이과수폭포에 도착했다. 이과수폭포는 아르헨티나와 브라질 사이에 있는 폭포다. 8년 전 아르헨티나 이과수폭포에 갔다가 사람이 너무 많아 브라질 이과수폭포는 패스를 했었다. 브라질 이과수폭포가 더 멋지다는 사실을 당시에는 몰랐다.

가장 큰 볼거리인 악마의 목구멍에 가까워질수록 머리와 온몸에 물이 튄다. 폭포수 가까이 가서 시원하게 물을 맞으면 그 쾌감

이과수폭포

이 엄청나다. 이곳이 천국이구나를 느끼게 해준다.

행복함에 춤이 실룩실룩 절로 나왔다. 이곳에서는 누구의 시선도 중요하지 않기에, 왕언니와 나는 천국에서 내려오는 물을 맞으며 이과수폭포를 배경 삼아 미친 척 춤을 추었다.

마지막 날에는 리우데자네이르 예수상을 보러 갔다. 8년 전에는 기차가 없어 택시를 타고 올라갔었는데, 지금은 기차가 생겼다. 리우데자네이르 예수상을 알게 된 건 2010년도였다. 당시 미국에서 친구들이랑 〈분노의 질주〉라는 영화를 봤는데, 시작 부분에 거대한 예수상이 나오며 도시를 비추는 모습이 너무나 멋있었다. 영화에 나온 그곳에 꼭 가보고 싶다는 생각이 들어 인터넷에서 찾아봤었다. 그때는 치안이 좋지 않고 위험하다는 인식이 지금보다 더 강했기에 가보지는 못하고, 언젠가는 저곳에 가서 예수상과 사진을 꼭 찍어볼 거라고 생각했다.

2016년 처음 이곳에 와서 예수상을 봤을 때 감동이 엄청났다. '생각하니 진짜 오게 되네. 꿈꾸는 자만이 세상을 누릴 수 있다'는 것을 느꼈다. 그때 이곳에서 사랑하는 사람과 다시 올 수 있게 해달라고 기도를 했다. 그래서 사랑하는 부모님과 함께 다시 오게 되었나 보다.

떨어지는 해를 보며 소원을 빌며 기도를 하고 눈을 떴는데, 왕언니가 나를 보며 말했다.

"진실 씨처럼 떠오르는 해는 늘 열정이 뜨겁고 강렬하지만, 우리같이 지는 해도 뜨겁고 강렬할 수 있어요."

리우데자네이루 거대 예수상과 일몰

마추픽추 가는 기차를 기다리며 마시는 커피 한잔에 행복해하는 부모님

그 말을 들으며 나의 70대 모습을 상상해보았다. 나는 아마 그때에도 여전히 세상을 내 집같이 즐겁게 누리며 다니고 있을 것 같다. 석양에 비친 왕언니의 눈빛은 정말 뜨겁게 반짝이고 있었다.

여행은 내가 몰랐던 새로운 면을 알 수 있게 하고, 깨달음의 연속인 것 같다. 이번 여행으로 부모님을 더 잘 알게 되었다. 친구처럼 더 가까워진 기분이다. 천국 같은 멋진 장소에 부모님과 함께 온 건 내 생애 가장 잘한 일인 것 같다. 지금까지 내게 든든한 버팀목이 되어준 나의 부모님께, 멋지고 아름다운 세상을 더 많이 보여주고 싶다.

KINO

PART 2

일단 저지르면 답이 나온다

언니가 병원에 입원하자 영어 울렁증이 사라졌다

정말 영국 가기 싫은데

나는 부산에서 태어났지만, 어릴 적 공기 좋은 김해로 이사 가서 쭉 그곳에서 살았다. 외국인은 텔레비전에서만 보았다. 어쩌다 외국인을 마주치면 말을 걸까 봐 시선을 피하고 후다닥 도망가는 아이였다. 내 생에 해외여행은 아마도 없을 것 같았다.

공부를 잘해서 전교권에서 노는 아이도 아니고, 반장 같은 책임감 있는 아이도 아니었고, 친구들이랑 맛있는 거 먹으며 놀러 다니는 평범한 아이였다. 가끔은 어떻게 하면 학원을 땡땡이 칠지 궁리해서 안 가고 놀다가 수업이 끝난 시간에 맞춰 집에 돌아가기도 했다. 당연히 부모님은 모르실 줄 알았다. 나는 공부하는 걸 정말 싫어했다.

스무 살 대학교 첫 여름방학, 부모님은 대뜸 언니가 어학연수가 있는 영국으로 여행을 가라며, 동생과 나의 항공권을 끊었다고 통보하셨다. 영국에서 어학원을 다니면서 영어 공부를 하고 외국인 친구들도 사귀며 유럽 여행을 해보라고 하셨다. 이것은 오로지 부모님의 아이디어였고 강제적이었다. 안 그래도 짧은 여름방학이라 친구들과 놀 시간도 부족한데, 나는 너무 화가 났다. 영국에 가지 않으려고 각종 핑계를 대고 작전을 세워 버텨보았지만, 결국 나와 동생은 영국으로 향하는 비행기에 몸을 실었다.

아, 나도 아름다운 그리스 오빠와 대화하고 싶다

어릴 적, 선생님이 내게 물었다.

"넌 왜 영어공부 안 하니?"

내 대답은 단순명쾌했다.

"외국인을 만날 일이 없는데 영어 공부는 왜 하는 거죠?"

영어 시간을 정말 싫어했던 나는 중학생인 동생에게 영어 못하는 걸 들키지 않기 위해 영국으로 가기 전 처음으로 인터넷에 '입국 심사 영어'를 검색해 몰래 공부를 했다. 하지만 입국 심사 때 투박하고 거친 악센트의 영국 영어를 하나도 못 알아들었다. 물론 핑계다! 미국인이 말했어도 당연히 못 알아들었을 것이다. 모든 대답은 동생이 했다. 아직도 그때를 생각하면 쥐구멍에 숨고 싶을 만큼 쪽팔린다. '한국에 돌아가면 반드시 영어 공부를 하고 만다!'라고 다짐했다.

입국 심사 때의 창피함은 잠깐이었고, 공항철도를 타자마자 눈이 휘둥그래졌다. 이곳에는 내가 정말 좋아했던 영화 〈해리포터〉 주인공들처럼 생긴 사람들이 가득했다. 코가 오뚝하고 눈은 왕방울만 하고 키가 190센티미터쯤 되어 보이는 거인들 사이에 서서 차창 밖으로 보이는 낯선 풍경과 생경한 그래피티를 감상해 가며 이해가 되지 않는 영어 방송에 귀를 기울이다 보니 금세 언니가 살고 있는 집에 도착했다.

언니가 사는 동네는 번화가에서 조금 떨어져 있어 거리가 깨끗하고 조용했다. 관광객보다는 현지인과 유학생이 많이 살고 있는 동네였다. 언니는 2층짜리 쉐어하우스에 살았는데, 2층에는 방 4개, 1층에는 방 2개에 공용 주방과 야외 마당이 있었다. 언니 방은 2층이었다.

그 집에는 다양한 국적의 외국인들이 살고 있었다. 우리가 영국에 놀러 왔다고 저녁에 파티를 열어주었다. 각자 자국의 특색 있는 요리를 선보였다. 오코노미야키, 티라미수 등을 먹으며 들리지도 않는 영어를 알아듣는 척하며 즐거운 시간을 보냈다. 그러다 뒤늦게, 큰 키에 뽀얀 피부와 가느다란 머릿결을 가진 눈웃음이 아름다운 그리스 오빠가 등장했다. '이분의 이름은 뭘까? 어느 나라 사람이지? 몇 살일까?' 친해지고 싶었지만 높은 언어의 장벽에 눈이 마주칠 때마다 그저 웃는 거밖에 할 수 없었다.

부모님은 영국에 간 김에 영어 공부도 하고 오라며, 동생과 나를 2주 단기 어학연수 과정에 등록해두었다. 예전 같았으면 쳐다

보지도 않을 곳인데, 그리스 오빠와의 대화를 위해 빨리 가고 싶어졌다. 비록 2주 과정이었지만 내가 어학원에 가다니! 입국 심사를 하는 동안 느꼈던 쪽팔림과 잘생긴 그리스 오빠 때문에 영어 공부를 해야 하는 동기가 생겼다.

영어를 제일 못하는 반에 들어갔는데도 당연히 내가 제일 못했다. 2주 만에 영어가 들릴 거라는 기대는 하지 않았지만, 하루도 빠지지 않고 열심히 갔다. 아랍 왕자같이 곱게 생긴 압둘라, 말수가 적고 쉬는 시간마다 담배만 피워대는 뼈밖에 없는 일본인 타카유키. 다들 영어가 서툴렀지만, 이상하게 서로 대화가 잘 통했고 곧 우리는 친구가 되었다. 처음으로 외국인 친구가 생겼다. 그들 덕분에 영어 울렁증이 조금씩 사라졌다. 나는 그들과 소통하기 위해 난생처음 페이스북에 가입해 수다를 떨면서 영국 생활이 좋아지기 시작했다.

보호자가 사라졌다!

언니의 일 년간의 어학연수가 끝나면, 우리 셋은 유럽 여행을 떠나기로 했다. 언니가 파리로 가는 항공권과 숙소 예약을 마친 후, 우리 셋은 기분 좋게 집 근처에 있는 치킨 스테이크가 유명한 레스토랑으로 향했다. 대식가인 우리는 여러 가지 영국 음식을 주문했다.

당시 나는 영어를 못해 매우 예민한 상태였고, 세 살 어린 동생보다 영어를 못한다는 사실에 자존심이 많이 상해 있었다. 영국에서 나는 싸움닭이 되어 있었던 것이다. 하지만 맛있는 음식을 먹으며 그동안 쌓였던 불만을 대화로 풀면서 서로를 위로하고 다독거리며 기분 좋게 식사를 마쳤다.

그 후 마트로 가 장을 보았다. 갖가지 영국 과자를 구경하고, 처음 보는 식자재들과 여러 과일들을 보면서 눈이 휘둥그래졌다. 크기가 크고 양도 많았다. 대형 라즈베리 푸딩, 대형 초콜릿 케이크, 초대형 바비큐맛 칩을 샀다. 이때까지만 해도 몰랐다. 우리에게 닥칠 엄청날 일을.

장을 보고 가위바위보를 해서 꼴찌는 짐을 들고, 2등이 1등을 업고 집으로 가기로 했다. 나는 무거운 짐을 들었고, 동생이 언니를 업었는데, 집으로 가는 내리막길에서 동생이 미끄러져 넘어지는 바람에 큰 사고로 이어졌다. 처음에는 넘어진 모습이 웃겨서 서로를 보며 웃다가, 이내 언니가 큰 소리로 울기 시작했다.

언니의 울음소리에 지나가는 외국인들이 멈춰 서고 도로를 주행하던 차도 갓길에 차를 세워 우리를 도와주었다. 일면식도 없는 사람들이 구급차를 불러주고, 의자, 붕대, 소독약을 건네줬다. 언니는 구급차가 도착하기 전 집주인에게 전화를 걸어 상황을 설명했고 이내 구급차를 타고 병원으로 실려 갔다.

구급차 직원에게 언니가 어느 병원으로 실려 갔는지 상태가 어떤지 물어보고 싶었지만 한 마디도 묻지 못하고 벙어리같이 서 있었던 나는 집에 와서 펑펑 울었다. 늦은 저녁에 언니가 무사하다는 전화 한 통을 받고 나서야 겨우 한숨 놓았다.

다음날 한식을 먹고 싶다는 언니를 위해 요리를 해서 병원으로 향했다. 언니는 밝은 얼굴로 누워 있었다. 바람을 쐬고 싶다고 휠체어를 가져오라고 해서 휠체어를 빌리려고 간호사들에게 물었는데, 아무도 내 말을 알아듣지 못했다. 결국 보디랭귀지로 휠체어를 가져와 언니와 병원 앞을 산책했다.

갑작스런 사고로 유럽 여행은 포기할 수밖에 없었다. 영국에 있기로 했다. 병원에 있는 언니 옆에만 있고 싶어졌다. 갑자기 모든 게 무서웠다. 영어를 못하는 나는 보호자를 잃은 느낌이었다.

그 와중에도 철없던 나와 동생은 마치 레스토랑 디너 요리처럼 풀코스로 나오는 언니의 병원 밥 메뉴판을 보며 우리가 좋아하는 스테이크며 피시앤칩스, 스파게티를 주문해 언니 밥을 빼앗아 먹었다. 동생과 나는 공원에서 언니 목발로 총싸움도 하고, 언니와 시체놀이도 하며 즐겁게 병원 여행 투어를 했다.

언니는 병원에서만 지내는 우리가 안타까웠는지, 런던에 좋은 곳이 너무 많다며 런던 여행책자를 주며 둘이서 돌아다니면서 인증샷을 찍어오라고 했다. 안 가겠다는 우리를 점심밥만 먹고 나면 오늘의 일정을 적어주며 내쫓아버렸다.

처음 해외에 나온 우리 둘의 런던 관광이 시작되었다. 당시에는 나이도 어렸고 여행에 별 흥미가 없었다. 언니가 없으니 무섭기도 하고 영어를 조금 하는 동생이 부럽기도 하고, 한편으로는 내 자신이 부끄러워 괜히 동생한테 짜증을 내고 시비를 걸었다.

공원에서 언니 목발로 동생과 총싸움하던 철없던 시절

어느 날은 너무 화가 나서 숙소에 따로 가자며 동생과 헤어졌다. 나는 영어를 못하지만 나름 지하철은 많이 타봤기에 숙소에 잘 돌아왔다. 그런데 한참이 지나도 동생이 오지 않았다. 게다가 밖에는 비까지 내렸다. 동생을 찾느라 비를 맞으며 숙소 주위를 돌아다니는데 갑자기 서러움이 밀려오면서 눈물이 났다. 언니도 아프고, 동생도 잃어버리고, 나는 왜 이렇게 철이 없을까 싶었다. 몇 시간 후 동생이 돌아왔다. 지하철을 잘못 타서 빙빙 돌았다고 했다.

그날 이후 우리는 조금 가까워졌으나 여전히 티격태격했다. 그러면서도 붙어다녔다. 낯선 땅 영국에서 의지할 수 있는 사람은 둘뿐이었기 때문이다. 지금은 구글맵만 있으면 어디든 찾아갈 수 있지만, 2008년에는 스마트폰을 쓰던 때도 아니고, 구글맵 서비스 초창기라 이용이 쉽지 않았다. 길도 많이 잃고 참 많이 다퉜다. 동생과 둘이서 다니는 그 시간이 너무 무서워 한국에 돌아가고 싶었지만 불가능했다.

그래서 그냥 즐기기로 했다. 매일 밤 인터넷으로 여행 영어를 찾아보며 영어 공부를 했다. 며칠이 지나자 어느새 우리 둘은 자신감이 붙었다. 집 근처 길도 다 외워 거리낌없이 버스, 지하철을 타고 런던 곳곳을 돌아다녔다.

어느 날 배가 고파서 한 레스토랑에 들어갔다. 사실 영국에 처음 도착한 날 언니가 사준 불고기 라자냐가 너무 먹고 싶었다. 메뉴판에 '라자냐'라는 글자를 보고 당당하게 주문을 했는데, 이상한 '호박 라자냐'가 나왔다. 라자냐란 글자 앞에 붙어 있던 '펌프킨'이라는 단어를 보지 못했던 것이다. 채소를 싫어하는 우리 둘은 음식을 다 남겼고, 그 충격에 펌프킨이라는 단어를 절대 잊어버리지 않게 되었다.

어색하고 부끄러워 외국인에게 한마디도 못하던 내가 영국에서 살아남기 위해 알아듣든 못하든 매일 영어로 질문을 하며 다니다 보니 어느새 자연스럽게 영어를 구사하는 나를 발견했다. 생존 영어가 영어 울렁증에서 벗어나게 해준 것이다. 언니의 치료가 끝날 때쯤 한 달간의 영국 생활을 마치고 우리는 한국으로 귀국했다.

영국이 나를 바꾸다

부모님의 강요로 가게 된 영국이었지만 그곳에서 만났던 다양한 사람들, 슬픔과 기쁨, 복잡한 감정, 그리고 낯설고 새로운 환경들이 16년이 지난 지금도 여전히 행복한 기억으로 남아 있다. 영국에 가기 전 나는, 그저 내 눈에 보이는 대로 남들이 사는 대로 살면 된다고 생각하며 수동적으로 살아왔었다. 하지만 영국에 다녀온 뒤 그렇게 싫어하던 영어 수업을 스스로 등록하고, 나의 커리어를 위해 제과 제빵 학원에도 등록했다. 스스로 나의 삶을 찾는 능동적인 삶을 살아가기 시작했다.

스무 살 첫 해외여행지 영국에서 신세계를 보고 온 후, 나의 생활은 완전히 바뀌었다. 그렇게 여행 가기 싫다고 노래를 했었는데, 벌써 다음 여행을 준비 중이었다. 나를 성장시켜주는 여행을 사랑하게 되었다. 부모님도 나중에 졸업하면 평생 일할 건데, 학생일 때는 학업에 열중하고, 놀 땐 놀라고 하셨다.

영국 여행 후 나는 세계 여행을 꿈꾸기 시작했다. 그해 겨울방학 때는 필리핀으로 봉사활동을 다녀왔다. 그 후로 학기 중에 아르바이트로 열심히 돈을 모아 매년 방학 때마다 해외로 나가기 시작했다.

나, 당장
미국으로 떠나야겠어!

나도 미국에 가고 싶다!

대학교 2학년 말 어느 수업에서, 5년 후 나의 모습에 대해 쓰는 기말 과제가 있었다. 아직도 그때가 생생하다. 커다란 B4 용지에 도대체 어떤 글을 멋지게 써야 A+을 받을까? 철없는 그때는 꿈이라는 걸 구체적으로 진지하게 생각해본 적이 없었다. 꿈은 나중에 생각하고 그냥 친구들이랑 노는 것만 좋아했다.

"5년 후 멋진 남자를 만나서 결혼해서 아이를 둘 정도 낳고, 적당히 행복하게 살고 있을 것이다."

대부분의 사람이 살아가는 평범한 삶밖에 몰랐기에 그 이상의 글이 나오지 않았다. 도대체 이런 과제는 왜 내주는 걸까 짜증이 났다. 너무 쓸 내용이 없어 머리가 지끈거려 고개를 들어 한숨을 쉬는데, 항상 앞자리에서 열심히 공부만 하고 우리에게 잔소리를 늘어놓던 복학생 오빠가 보였다. 도대체 쓸 말이 뭐가 그리 많은지 내게는 너무 커다란 B4 용지가 그 오빠에게는 조금 모자라 보였다.

호기심이 많은 나는 갑자기 저 오빠의 5년 후 모습이 정말 궁금해졌다. 마침 절친이 과제물을 수거하는 역할을 맡고 있어 친구에게 부탁해 그 오빠가 제출한 걸 읽어보았다. 간단하게 요약하면 '미국 레스토랑에 취직해서 그곳에서 영어 실력을 키우고 많은 요리를 해보고 경력을 쌓아 한국으로 돌아와 내 레스토랑을 차린다'는 내용이었다.

정말 멋지고 근사한 이야기였다. 갑자기 내 안에 잠든 뭔가가 들끓었다. 그리고 이내 나의 멋진 미래를 그리며 상상하기 시작했다. '나, 당장 미국으로 떠나야겠어!'

기말 과제는 C를 받았지만, 멋진 꿈이 생겼다. 외국에서의 취업과 생활은 생각해보지도 않았는데, 그 오빠의 레포트는 나를 미국으로 데려다주었다.

그러던 어느 날 하굣길에 학교 후문에서 전단지 한 장을 받았는데, 흥미로운 글귀가 있었다. **미국 인턴십**! 나는 곧장 전단지에 적힌 번호로 전화를 걸곤 바로 찾아갔다. 상담을 받고, 미국에 가기로 결심했다. 미국에 취업하기에는 영어가 많이 부족했지만, 다행히 영어를 잘하는 언니의 도움으로 면접을 잘 봤다. 드디어 내 꿈을 실현할 기회가 생겼다. 미국 하얏트 호텔에 인턴으로 취업하게 된 것이다!

제일 손 빠르고 일 잘하는 직원이 되다

생각보다 수월하게 취업이 되긴 했으나 미국 호텔 인턴십 생활은 매일매일이 눈물바다였다. 화장실에 가고 싶다는 말을 못해 화장실도 제때 못 가고, 함께 일하는 사람들의 말을 제대로 알아듣지 못해 욕먹는 게 일상이었다. 다행히 같이 일하던 인턴들이 나를 불쌍히 여겨 다시 설명해주고, 실수할 때마다 옆에서 많이 도와주었다.

3개월간 열심히 영어 공부를 했더니 조금씩 영어가 들리기 시작하면서 기본적인 의사소통이 가능해졌다. 내가 영어를 너무 못했던 탓에 호텔에 영어 스쿨까지 생겼다. 눈칫밥을 너무 많이 먹어서 일을 시키기도 전에 미리 다 끝내놓고, 사람들 눈빛만 봐도 내게 뭘 원하는지 내가 뭘 해야 할지 알게 되었다.

그러다 한 번 크게 혼난 적이 있었는데, 영어가 조금씩 들리자 더 큰 상처가 되었다. 7개월의 시간이 지나자 이제 그만둬야겠다는 생각이 들었다. 더 이상 참기 힘들었다. 인사과로 향하면서 별의별 생각이 다 들었다. '1년 동안 일하려고 왔는데 정말 그만둘 거야? 부모님이 실망하지 않을까? 그냥 버틸까?' 하는 고민을 했다. 하지만 고민도 잠시, 인사과에 도착하자마자 "저 그만둘게요"라는 말이 튀어나왔다. 그런데 반응이 이상했다.

"소피, 왜 그만둬?"

그곳에서 나의 별명은 '펠리스 소피'였다. 영어를 잘 못했기에 못 알아들어도 무조건 웃으며 대답 하나는 잘했기에 이미지가 좋

미국 마이애미 하얏트 호텔에서 함께 일한 동료들 / 나를 혼내주던 제르미 셰프

았던 걸까? 그만둔다는 말에 다들 심각하게 물어보았다. 갑자기 눈물이 났다. 그곳에서 세상 서럽게 펑펑 울면서 말했다.

"너무 잘하고 싶은데 내가 아직 영어가 서툴러 이해를 잘 못하는 것 같다. 그래서 폐를 끼치고 싶지 않다."

직원 한 명이 의미심장하게 물었다.

"혹시 누가 너 괴롭히니?"

"그렇다. 나한테 욕을 정말 많이 하는 셰프가 한 명 있다!"

다음 날 출근하자마자 제르미 셰프가 나를 불렀다.

"다시 함께 일하자. 그만두지 않았으면 좋겠어. 네가 실수하지 말고 잘되라고 한 말인데 상처받았다면 미안해. 내가 사과할게."

이후 제르미 셰프와 나의 친분은 두터워졌고, 나는 사람들을 실망시키지 않기 위해 더 열심히 일했다. 어느덧 나는 그곳에서 제일 손 빠르고 일 잘하는 아이가 되었다. 그리고 1년간의 인턴 생활이 끝났다.

제르미 셰프가 나를 불렀다.

"우리랑 계속 일하지 않을래?"

대학도 휴학 상태고, 어린 나이에 하얏트 호텔 정직원이 된다는 것은 내겐 크게 흥미롭지 않은 제안이기에 정중히 거절했다.

틈만 나면 여행 가기

미국에서 1년간 인턴 생활을 하며 나는 세 번의 휴가를 받았다. 플로리다주 키웨스트, 뉴욕, LA, 라스베이거스, 샌프란시스코로 시간이 나면 틈틈이 여행을 떠났다. 인턴 주제에 휴가를 이렇게 자주 낼 수 있냐고?

"미국이 너무 좋은데 일만 하며 지내기엔 너무 시간이 아깝다. 너희 나라 문화를 배우고, 여행도 다니고 싶어. 휴가 좀 가면 안 될까?"

미국에 일하러 온 건 맞지만, 1년 내내 일만 하다가 돌아가고 싶진 않았다. 인사부 직원인 캐서린이랑 친했는데, 허심탄회하게 속마음을 털어놓자 휴가를 보내주었다. 그렇게 나는 일하면서 여행을 다니기 시작했다.

인턴 기간 1년 동안 인턴 중에서 내가 돈을 제일 적게 벌었고,

휴가는 가장 많이 간 사람이었다. 지금 생각해봐도 그때 나의 선택은 100점이라고 말할 수 있다.

내친 김에 멕시코 4개월 살이

1년간의 인턴 생활을 마무리하고 한국으로 곧장 돌아가지 않고 미국에서 사귄 친구들이 살고 있는 미지의 나라 멕시코로 갔다. 사실은 잠깐 여행하다가 한국에 돌아가려고 했다.

멕시코 친구들은 다들 회사에 출근을 해 낮에는 주로 혼자 여기저기 여행을 다녔다. 멕시코의 수도인 멕시코시티에 머무르고 있었으므로 영어를 잘하는 사람들이 많아 여행하기에 큰 불편함은 없었다. 하지만 가끔 영어로 소통이 안 되는 사람들을 만나면 조금 답답했다.

어느 날 길을 걷다가 영어 학원 간판이 보여 무작장 들어갔다. 사실 영어 학원에서 멕시코 친구들을 사귀어 스페인어를 배우고 싶은 속셈이 있었다. 다들 동양인인 내가 신기했는지 계속 쳐다보았다. 상담 후 바로 등록을 했다. 그때부터 주 3일 영어 학원에 다녔다. 학생들은 내게 궁금증이 많은지 스페인어로 뭐라 말을 거는데 전혀 알아듣지 못했다. 그냥 매일매일 그들에게 웃어주었다. 할 말이 있으면 영어로 소통했다.

학원에서 영어와 스페인어를 동시에 듣다 보니 스페인어를 본격적으로 배우고 싶다는 욕심이 생겼다. 선생님에게 스페인어 학원은 없냐고 물어보니 조용히 자기가 몰래 스페인어 과외를 해줄 수 있다며, 대신 이건 우리 둘만 아는 비밀이라고 했다. 그렇게 나는 오전에는 영어 수업, 오후에는 선생님 스케줄에 맞춰 내가 묵는 숙소에서 스페인어 과외를 받았다. 4개월 차에 들어서자 멕시코 친구들이 정말 많이 생겨서 함께 놀러도 다니고, 길거리에서 사람들과 스페인어로 소통할 수 있게 되었다. 그렇게 나는 멕시코라는 나라에 서서히 스며들었다.

잠깐 있으려고 왔던 멕시코였는데 4개월이나 머물렀다. 학교에 복학하지 않고 멕시코 대학교에 편입을 해버릴까도 생각해봤지만, 치안이 좋지 않은 멕시코시티에서의 삶은 조금 위험할 것 같았다. 부모님도 걱정을 많이 하시기에, 한국에서 대학 생활을 마치고 다시 오는 게 나을 거 같아서 아쉬운 마음을 안고 한국으로 돌아왔다.

중국어 한마디 못하는데 중국 교환학생?

간절함이 통하다

미국에 다녀와서 영어 실력이 많이 늘다 보니 다른 언어에 대한 관심이 생겼다. 특히 한국과 가깝고 인구도 많은 중국으로 어학연수를 가고 싶어졌다. 그래서 학교에서 진행하는 중국 교환학생 프로그램에 지원했다. 합격은 했는데 문제가 생겼다. 4학년은 취업 준비생이라서 갈 수 없다고 했다.

이 좋은 기회를 포기할 내가 아니었다. 담당 교수님을 찾아가 내가 영어 말고는 아는 언어가 없는데, 관광경영과 졸업생이 다양한 언어를 못하고 졸업하는 게 정말 부끄럽다며 내 상황을 진지하게 설명했다. 중국으로 가는 추천서를 써주시면 최선을 다해 중국 생활을 하고 장학금도 받겠다고 약속했다. 간절함이 통했는지 교수님이 추천서를 써주셨고 그 덕분에 중국으로 갈 수 있었다.

중국어라곤 '니하오(안녕하세요)' '씨에씨에(감사합니다)'밖에 못했기에, 수업이 끝나면 항상 한 시간 더 남아서 예습 복습을 하고 단어를 암기했다. 그러던 어느 날 중국 음식을 먹고 탈이 났는지 배가 아파 조퇴를 하고 기숙사로 가던 중, 중국인 한 무리가 나에게 다가와서 "안녕하세요, 저희는 한국어 학원을 다니는 학생들인데 우리 학원에 한 번 와줬으면 좋겠습니다"라며 어눌한 한국어로 나에게 말을 걸어왔다.

나는 배가 아파 기숙사로 돌아가야 했기에 정중히 거절했다. 하지만 계속 뒤에서 "언니, 이뻐요"라고 외치는 소리를 듣곤 기분이 좋아져 아픈 것도 잠시 잊어버리고, 그래 학원이 어디냐며 곧장 그들을 따라나섰다.

그들은 '거리에서 한국 사람들이랑 대화하기' 과제 때문에 나에게 말을 건 것이었다. 잠깐만 있다 나오려고 한 그 학원에서 같이 밥까지 먹으며, 나와 함께 간 학생들과 원장님이랑 이야기를 나누었다.

원장님은 학원에 와줘서 고맙다고 인사를 하더니 나에게 한 가지 제안을 했다. "혹시 우리 학원에서 말하기 강사를 해줄 수 있나요?" 나는 아직 중국어가 서툴러서 할 수 없을 것 같다고 했지만, 그냥 2시간씩 중국인 학생들과 한국어로 말하기 수업을 해주면 된다고 했다. 돈도 우리나라 시급처럼 챙겨준다고 했다. 생각해보니 나쁘지 않은 조건이었다.

돈도 벌고 장학금도 받고

수업을 마치고 항상 교실에 남아서 교재를 보며 글로만 공부했는데, 한국어 학원 강사가 되자 현지인 친구를 많이 사귀어 중국어 실력이 급격히 늘었다. 원장님과도 친분을 두텁게 쌓았다. 이후 원장님과 함께 여러 중국 대학교 강단에도 올라가 어눌한 중국어로 학원을 홍보했다. 원래 그 학원은 K-POP과 드라마를 좋아하는 중국인 여학생들이 많았는데, 홍보를 하자 이내 남학생들도 등록하기 시작했다.

원장님은 나 때문에 수강생이 많이 늘어났다며 보너스는 물론 선물과 맛있는 것도 많이 사주었다. 4개월간 중국 어학연수를 하는 동안 학교에서 열심히 공부하고, 학원 강사를 하며 돈도 벌고, 친구도 많이 사귀었다.

대학교 4학년은 취업반이라 교환학생을 갈 수 없었지만, 교수님께 부탁해 추천으로 갔기에 교수님의 기대를 저버리지 않기 위해 열심히 공부했다. 그 결과 장학생이 되어 한 학기 장학금을 받았다. 그리고 HSK(중국어 능력시험) 4급 자격증도 따서 당당하게 한국으로 돌아왔다.

프랑스에
친구 없는데?!

프랑스 커플과 한국인 학생

남해에는 많은 외국인들이 여행을 온다. 나는 펠리스 카페를 찾는 외국인에게 특별한 이유 없이 공짜 서비스를 제공해주고, 그들이 궁금해하는 것을 알려주며 그들을 도와준다. 왜냐하면 해외여행지에서 나 역시 외국인들의 도움을 정말 많이 받았기 때문이다.

어느 날 우리 카페에 프랑스 커플이 왔다. 그들은 한국어를 전혀 못하고, 영어와 프랑스어를 구사했다. 한국에서 그것도 시골인 남해에서 여행하기엔 어려움이 많았을 것이다. 그들은 렌터카를 이용해 여행을 다니고 있었다.

그들이 가장 힘들어하던 것은 언어였다. 그때 당시 남해 여행길은 외국인에게는 너무 어려웠고, 의사소통도 되지 않아 많은 불편함을 겪었을 것이다. 영어가 통하는 내가 반가웠는지 나에게 남해 여행에 대한 질문을 많이 했다. 나는 관광 루트를 짜주고 영어로 된 관광 책자도 주었다. 그들은 카페모카를 주문했는데, 나는 라테아트를 예쁘게 해서 내어주었다.

잠시 후 학생 한 명이 다리를 절뚝거리며 카페로 들어왔다. 그는 버스를 타고 온 뚜벅이 여행자였는데, 독일마을로 올라오던 중 다리를 삐어서 급하게 숙소를 구하고 있었다. 당시 게스트하우스를 운영하고 있는 나는 그에게 단돈 1만 원만 받고 숙소를 제공했다. 나 역시 여행을 사랑하기에, 여행 시작 부분에 다리를 다친 그 학생이 너무 안타까웠다. 그는 병원을 가기 위해 다음 날 떠날 거라고 했다.

하지만 나는 남해 여행을 해보지도 못하고 떠나려는 그에게 좋은 방법을 제안했다. "영어 할 줄 아세요?" 다행히 그는 영어를 잘 구사한다고 했다. 나는 프랑스 커플에게 "혹시 한국인 가이드가 필요하지 않냐?"고 물어보았다. 예상대로 그들은 너무 좋다고 했다. 마침 프랑스 커플이 차가 있으니 그 학생에게 가이드를 해주면 어떻겠냐고 제안했다. 다리가 불편했던 그 학생은 너무나 감사하다고 했다. 나는 그 학생에게 관광 루트를 알려주고 프랑스 커플을 잘 부탁한다고 했다.

프랑스 커플과 그 학생은 알차게 남해 여행을 끝낸 후 저녁 시간에 다시 펠리스 카페로 돌아왔다. 넷이서 치맥을 한잔했다. 한국의 치맥 문화를 알려주고, 맥주와 음식을 공짜로 제공해주었다.

내가 외국에서 도움을 받았던 것처럼, 그들도 남해에서 좋은 추억만 가져갈 수 있게 도와주었다. 그렇게 우리는 서로 페이스북 친구를 맺고, 프랑스 커플은 프랑스로, 그 학생은 대구로 떠났다.

친구? 보이스피싱범?

그로부터 1년 뒤 나는 북유럽 여행을 가기 위해 프랑스를 잠깐 경유했다. 혼자서 센강에서 바토무슈(유람선)를 타고 아름다운 파리 야경을 보며 밤을 보내고 있는데, 갑자기 페이스북에 이상한 메시지가 오기 시작했다. "친구, 프랑스 왔어? 왜 연락 안 했어?" 처음에는 보이스피싱범인 줄 알았다. 모르는 외국인이 계속 메시지를 보내길래 미친놈인가 하고 답장을 하지 않았다.

그런데 갑자기 사진이 한 장 전송되었다. 1년 전 우리 카페에서 치맥을 먹었던 프랑스 커플이었던 것이다!!! 에펠탑에서 인생샷을 찍어 올린 나의 페이스북을 보곤 만나고 싶어서 급하게 메시지를 보낸 것이었다.

답장을 보내자 바토무슈 종착지에 나를 픽업하러 왔다. 우리는 환호성을 날리며 어떻게 이렇게 또 만나냐며 서로 끌어안았다. 정말 아직도 생생하고 너무나도 감동적인 순간이었다.

그들은 프랑스에서 잊지 못할 맛있는 음식을 나에게 대접하고 싶다며 고급 레스토랑에 데려갔다. 그곳은 주로 프랑스 사람들만 가는 곳이라 영어 메뉴판이 없어 그들이 골라주는 메뉴를 먹어보

프랑스 커플과 다시 만나게 해준 에펠탑

프랑스 친구가 골라준 맛있는 요리

기로 했다. 프랑스에서 유명한 요리 몇 가지를 주문한 뒤 이렇게 말했다.

"한국 여행에서 제일 기억에 남는 장소가 펠리스 카페였어. 그곳에서 먹은 치맥과 카페모카 맛을 아직도 잊지 못해. 그리고 그런 추억을 만들어준 네가 너무 그리웠어. 그래서 우리도 너에게 프랑스에서 잊지 못할 최고의 시간을 선물해주고 싶었어."

아직도 그날 저녁에 먹었던 비둘기 스테이크의 향, 그리고 그들과 함께한 시간이 기억난다. 그들이 그리워했던 치맥과 카페모카를 먹었던 순간처럼, 다음에 또 프랑스에서든 한국에서든 다시 만나길 기대한다.

내일의 오로라를 선물받다

오로라 보러 노르웨이로

나의 버킷리스트 중 하나인 오로라 보기! 하루라도 젊었을 때 건강할 때 우주의 신비로움을 보고 싶었다. 오로라 하나를 위해 나는 노르웨이 트롬쇠로 떠났다. 당시만 해도 한국 사람들은 오로라를 보기 위해 주로 캐나다 옐로나이프로 갔으므로 트롬쇠에 대한 정보가 많지 않았다. 하지만 카페 단골 손님이 알려준 귀한 정보 덕분에 트롬쇠로 갈 수 있었다.

첫날 캄캄한 밤하늘을 바라보며 호텔에서 맥주를 한 잔 마시는데, 벌써 오로라를 본 것처럼 설레었다. 마치 루돌프와 산타가 나타날 것만 같았다. 다음날 아침 일찍 일어나 산책 후 북극박물관을 향했다.

북유럽으로 떠나오기 일주일 전, 남해 독일마을에선 맥주축제가 열렸다. 젊으니까 괜찮다며 하루 종일 서서 무리하게 일했더니 떠나기 전날 아킬레스건에 통증이 느껴졌다. 제대로 치료를 받지 않은 데다 장시간 비행으로 아킬레스건이 빵빵하게 부어올랐다. 게다가 북유럽의 10월은 생각보다 훨씬 더 추웠다. 길바닥이 얼어붙어 아픈 다리로 걸어다니기도 쉽지 않았다. 통증을 참으며 조심조심 걷다 보니 10분 떨어져 있는 북극박물관에 가는데 30분이나 걸렸다. 다행히 박물관 투어는 꽤 흥미로웠다.

박물관을 관람한 뒤 운이 좋으면 오늘 밤에 오로라를 볼 수 있다는 정보를 듣곤 케이블카를 타고 스톨스티넨 전망대로 올라갔다. 아름다운 설산이 눈부시게 빛나고 있었다. 아킬레스건이 부어 설산 꼭대기까지 올라가지는 못했지만, 혼자 눈밭에 누워서 뒹굴기도 하고 앉아서 쉬면서 사진을 어찌나 찍어댔던지 추운지도 몰랐다. 오후 4시 20분에 해가 졌는데, 설산 옆으로 지는 일몰은 정말 장엄한 우주의 한 장면같이 멋있었다.

어둑어둑해지면서 트롬쇠의 멋진 야경이 펼쳐졌다. 어두워질수록 더 예뻐졌다. 새벽 1시까지 케이블카를 운영하고 있었고, 더 캄캄해지면 꼭 오로라를 볼 수 있을 것만 같았다. 10~11월은 오로라를 보기 딱 좋은 계절인데, 마침 나는 10월에 방문했다. 혼자서 전망대 안에 있는 카페에 앉아 핫초코를 마시며 추위를 달래며 오로라를 기다리고 있는데, 중국인 여성 한 명이 다가와서 중국인이냐고 물었다. 그녀의 이름은 이유. 그녀도 혼자서 오로라를 보러 왔다고 했다. 당시 나는 중국 교환학생을 마치고 온 지 얼

스톨스티넨 전망대에서 본 트롬쇠 야경

마 안 됐던 터라 중국어로 그녀와 꽤 오랜 시간 동안 수다를 떨었다. 그런데 갑자기 밖에서 환성이 들렸다. 오로라가 나타난 것이다! 나 또한 그쪽으로 향했다. 너무 멋져서 우와~우와~ 감탄을 금치 못하며 사진을 찍어댔다. 그런데 옆에 있던 이유가 "너 아직 제대로 된 오로라를 보지 못했구나" 하며 오로라 사진을 한 장 보여주었는데, 정말 내가 생각했던 것 이상으로 너무나도 아름다운 광경이었다. 그 사진을 보고 나는 결심했다. '저렇게 멋진 오로라

를 볼 수 있다면 비싼 돈을 내더라도 오로라 투어를 해야겠다!'

이유는 자신이 투어했던 곳의 정보와 투어 가이드를 소개해주었다. 마침 다음날이 오로라 지수가 3이어서(3 이상이면 오로라를 볼 수 있다) 바로 신청했다. 사실 그녀를 만나지 못했더라면 전망대에서 본 그 오로라가 다라고 생각하고 '비싼 투어를 왜 해!'라며 트롬쇠를 떠났을 수도 있다.

이유 없는 베풂

투어 비용은 꽤 비쌌다. 그래도 중국인 친구 소개로 연락을 한 덕분에 10% 할인을 받았다. 오후 6시 30분 방한복을 입고 오로라 투어를 떠났다. 이쪽저쪽 오로라 헌터가 되어 더 멋지고 화려한 오로라를 찾으러 다니다 멋진 장소에 자리를 잡고 캠프파이어를 했다. 살아오면서 그렇게 캄캄한 하늘은 처음이었다. 캠프파이어를 하고 있는데, 갑자기 초록빛과 보랏빛을 띤 오로라가 보이기 시작했다.

너무 감동스러워 이내 눈물이 쏟아졌다. 이 아름다운 자연을 가족과 함께 보러 왔으면 얼마나 좋았을까 하는 생각이 들었다. 밤새 떨어지는 별똥별을 보며 소원을 빌었다. 혼자 차가운 눈 위에 누워 멋진 오로라를 감상하고 있으니, 가이드가 와서 추운데 불 앞으로 가라고 했다. 이렇게 아름다운 것을 눈에 더 담고 싶다고 하니 그는 내 옆에서 사진을 찍어줬다. 그리고 이런 광경을 처

음 보는 나보다 더 요란하게 '멋지다'를 외치며 계속해서 리액션을 했다. 문득 궁금해져, 직업이 오로라 투어 가이드인데 매일 보는 오로라가 그렇게 신기한지 물었다.

그는 "많은 사람들이 오로라를 한 번 보고 그냥 트롬쇠를 떠나는데, 사실 매일매일 같은 오로라는 없다. 매일매일 다른 색, 다른 모양의 오로라가 나의 심장을 뛰게 만들기 때문에 이 일을 계속한다"고 대답했다. 정말 오랜만에 일을 즐기면서 하는, 자신의 일에 진심인 사람을 만났다.

그의 말을 듣자 갑자기 내일의 오로라가 궁금해졌다. 이내 나는 내일 오로라 투어를 또 신청하겠다고 말했다. 하지만 그는 오늘 비싼 돈 주고 했으니 내일은 안 와도 된다고 나를 말렸다. 하지만 나는 "나도 새로운 모양의 오로라를 보고 싶다"고 말했다. 그는 가만히 몇 초간 생각에 잠기더니 나에게 말했다. "소피에게는 내일의 오로라를 선물해주고 싶다. 돈을 낸다고 해도 받지 않겠다."

그의 배려가 너무 고마웠다. 나는 감사의 표시로 유럽 배낭여행 사이트에서 트롬쇠 오로라 투어를 저렴하게 할 사람을 모집해 다음날 2명의 한국 관광객과 함께 갔다. 사장님이 할인도 엄청 해주었다.

그날도 오로라 지수는 3이었다. 하지만 가이드의 말에 따르면 오로라를 볼 확률은 오로라 지수보다 그날의 날씨와 구름 상태에 따라 달라진다고 한다. 오라라 지수는 전날과 같았지만, 전날 보지 못했던 빨간색의 선명하고 아름다운 또 다른 오로라가 펼쳐졌다. 나는 새로운 모습의 오라라를 눈에 담았다.

그의 이유 없는 베풂에, 나는 블로그에다 한국에서는 그동안 정보를 찾아보기 힘들었던 트롬쇠 오로라 투어에 대한 글을 올렸다. 그리고 가이드한테 다이렉트로 연락해 '소피 친구'라고 하면 할인을 받게 해주었다. 투어하는 사람과 가이드 모두 윈윈하는 방법이었다.

어느 날 가이드로부터 메시지가 왔다.

"고마워 소피, 너는 나의 한국 에이전시야. 너의 블로그를 통해 많은 소피 친구들이 예약했어. 다음에 너의 가족과 친구들을 데리고 트롬쇠에 오로라를 보러 왔으면 좋겠어."

우리는 지금도 연락을 하고 지낸다. 다음에 가족과 꼭 다시 오로라를 품으러 가겠다고 말했다. '소시지 팔아 세계 여행'을 반대하면서도 제일 응원해준 부모님과 함께 오로라를 보러 가야겠다.

악마 뿔 달고 자전거 여행

아킬레스건 통증이 가시질 않아 하루 종일 호텔에 누워서 핫팩으로 찜질을 했다. 다리를 삐끗하면 뜨거운 찜질을, 다리가 부으면 차가운 찜질을 해야 하는데, 뜨거운 찜질을 하는 바람에 더 오래갔던 것 같다. 저녁에 잠을 못 잘 정도로 통증이 심해 병원에 가볼까 수십 번을 생각했다. 하지만 가족에게 걱정을 끼치기도 싫었고, 아직 많이 남은 여행 일정을 포기하기도 싫었다. 호텔에 쉬면서 책을 읽고 일기를 쓰며 며칠간 푹 쉬었더니 조금 부기가 가라앉아 움직일 수 있게 되었다.

커피와 디저트가 맛있는 카페에 하루 종일 앉아 다양한 사람을 구경했다. 말을 붙이는 사람이 나타나면 친구가 되어 수다를 떨며 행복한 시간을 보냈다. 긍정적인 생각을 해서 그런지 어느새 통증이 사라졌다.

트롬쇠를 떠나 비행기를 타고 노르웨이 수도 오슬로로 향했다. 아직 걸어서 여행하는 것은 무리라 자전거를 빌리기로 했다. 하루 종일 빌리는 데 우리 돈으로 27,000원 정도였다. 자전거 가게에서 준 악마 뿔 달린 헬멧을 쓰고 여행을 시작했다.

첫 도착지는 노르웨이 왕궁. 자전거를 타고 천천히 둘러보다 비겔란 조각공원으로 달려갔다. 노르웨이 출신의 세계적인 조각가 구스타프 비겔란의 작품을 모아놓은 공원이다.

두 번째로 간 곳은 시내에서 살짝 떨어져 있는 바이킹 박물관. 박물관으로 가는 내내 펼쳐지는 해안도로가에 있는 항구와 요트 계류장이 정말 럭셔리하고 멋있다. 고급스런 요트 계류장에서 노숙자들이 새들에게 빵을 나눠주는 장면이 참 인상 깊었다. 바이킹 박물관에서 나오니 벌써 해질녘이었다. 북유럽은 해가 너무 빨리 져서 억울하다. 일몰 맛집 오페라하우스에서 좋아하는 노래를 들으며 잠자러 들어가는 해에게 인사를 건넸다.

배고픈지도 모르고 돌아다녔는데 자전거를 반납하고 나니 갑자기 허기가 졌다. 식사를 하러 젊은이들로 북적거리는 그뤼네

고급스런 요트 계류장

뢰카 지구로 갔다. 골목골목 작은 카페와 술집, 상점이 즐비했다. 그리고 개성이 넘치는 멋진 그래피티 벽화가 곳곳을 장식하고 있었다.

이곳에 있는 유럽 최대 규모의 푸드코트 메탈른 오슬로(Mathallen Oslo)로 향했다. 어떤 음식을 먹을지 고민하다 불칸피스크(Vulkanfisk)로 가 피시앤칩스를 골랐다. 대형 푸드코트라 저렴할 거라 생각했지만 184크로네(우리 돈으로 18,500원)나 되었다. 그래도 어마무시한 노르웨이 물가 대비 저렴한 편이다. 주문을 하고 나니 옆 가게의 랍스터, 킹크랩, 새우들이 보였다. 여럿이 왔으면

개성이 넘치는 멋진 그래피티

골고루 시켜 나눠 먹을 수 있었을 텐데 혼자 여행할 땐 이런 게 너무 아쉽다.

피시앤칩스를 테이크아웃해 숙소로 돌아왔다. 추운 바람을 뚫고 와서 그런지 살짝 차가워졌지만 그래도 어쩜 그리 맛있는지. 소소하게 맥주 한 캔 마시며 느린 하루를 보냈다. 20대에는 체력이 남아돌아 전투적으로 떠도는 배낭여행을 했다. 하지만 30대가 되자 느릿느릿 천천히 하는 여행이 좋아졌다.

빙수 팔러 갔다
맥주로 대박 나다

카페에 출근하기 싫어지다

카페를 오픈한 지 5년차에 들어서자 슬럼프가 찾아왔다. 모든 게 지겹고, 늘 같은 일상을 반복하는 남해가 지루해졌다. 손님들이 "남해 어디가 좋아요?"라고 물으면 선뜻 대답이 나오지 않았다. 일터가 되어버린 남해는 더 이상 흥미롭지 않았다. 쉬는 날이면 김해나 부산으로 갔다. 주위에 편리한 모든 것이 다 있고, 늦은 시각까지 불이 켜져 있는 도시가 너무 좋았다.

카페를 운영하다 보면 감정노동을 많이 하게 된다. 그런데 5년째부터는 어떤 말을 들어도 별로 화가 안 나고 상처를 잘 안 받게 되었다. 사실 상처를 안 받는다기보다는 감정적 상처로부터 평정심을 유지하기 위해 나도 모르게 나를 방어하는 마음이 강해진 것이다. 어느새 손님들이 내게 불만이 가득 찬 거 같았고, 카페에 출근하기가 싫어졌다.

상처도 약을 발라야 치료가 되는데, 나는 불편한 감정들을 꾹꾹 누르거나 아예 나의 감정을 무시해버렸다. 그러고는 모든 일에 대한 책임을 타인에게 돌렸다. 직원 탓, 부모님 탓, 지금은 헤어진 남자친구 탓. 내 편인, 가장 가까운 사람들에게 화풀이를 하고 있었다.

되돌아보면 모든 것의 원인은 다른 누군가가 아니라 내게 있었다. 카페 사장이라는 사람이 멘털이 강하지 못해 너무 감정에 휘둘리는 거 같아서, 극단적으로 나는 카페를 할 자격이 없다라는 생각까지 했다. 혼자서 이틀을 꼬박 잠도 자지 않고 울면서 많은 생각에 잠겼다. '지금의 나는 왜 이렇게 힘들고 지쳐 있지?' 알 수 없는 감정과 마음을 알기 위해 나와의 대화를 하기 시작했다. 모든 것이 좋지 않게 보였던 이유는, 스트레스로 인한 나의 부정적인 마음 때문이라는 결론을 내렸다.

그렇게 마음을 가다듬고, 남해에서 가장 큰 축제인 독일마을 맥주축제에 참가하기로 했다. 그동안은 카페 운영하기도 바빠서 한 번도 축제에 참가하지 않았다. 이번에는 사람들 속에서 긍정 에너지를 얻고 싶었다. 그리고 맥주축제가 끝나고 나면, 이제 나의 여행이 시작될 시간이다. 그 시간을 위해 더 열심히 최선을 다해보기로 했다. 여행은 늘 내가 살아 있음을 느끼게 해주고 다양한 것을 배우고 경험하게 해준다.

대박 메뉴가 쪽박 메뉴로

카페에서 잘나가는 '남해 인싸빙수'와 '독일마을 석탄빙수'를 메인으로 가지고 나갔다. 태풍 뒤라 날씨가 매우 더워져 빙수를 찾는 사람이 많을 것 같았다. 왠지 대박이 날 것 같은 느낌에 평소보다 2~3배 많은 빙수 얼음과 재료를 주문했다.

축제장에는 닭강정, 꼬치, 회오리감자, 소시지, 맥주, 파전, 새우 요리 등 식사 대용 메뉴들이 대부분이었기에 나의 메뉴에 확신을 가졌다. 내가 가져온 메뉴는 디저트 종류였고, 모양도 정말 재밌다. 빙수 모양은 남해에 많이 나는 감성돔에서 아이디어를 얻었다. 붕어싸만코를 양옆에 둔 생선 모양의 대형 빙수다. 축제가 시작되었고, 남해 인싸빙수와 독일마을 석탄빙수를 본 사람들은 '우와~' 신기하다며 흥미를 가졌다. 하지만 사진만 찍고 반대편

독일마을 석탄빙수와 남해 인싸빙수

부스의 아이스크림을 사 먹으러 자리를 떴다.

그렇다! 나 같아도 들고 다니기 편한 아이스크림을 사먹지, 들고 다니기 힘든 커다란 빙수를 사 먹지 않을 것이다. 대부분 사람들 손에 들려 있는 메뉴는 소시지, 닭강정, 꼬치, 맥주였다. 게다가 빙수는 하나 만드는 데 시간이 많이 걸려 기다리다 그냥 돌아가는 손님도 있었다. 빙수 하나에 숟가락은 기본 5개 이상, 나는 메뉴를 완전 잘못 선택했다. 돌이키기에는 너무 늦었다.

우리 부스 바로 옆 부스에서는 독일 맥주를 판매했다. 똥파리가 날리는 우리 부스와 다르게 맥주축제라 많은 사람들이 줄을 서 있었다. 너무 부러웠다. 줄어들지 않는 줄을 보며, 이왕 이렇게 된 거 옆집이나 도와주자며 손님들을 응대하며 맥주를 따라주었다. 맥주는 손목만 까딱해서 5천 원을 버는데, 얼음 갈고 토핑 손질하고, 아이스크림 자르고, 시럽 뿌리고. 손이 너무 가고, 인건비도 안 나올 거 같은 나의 빙수….

손 놓고 있었더라면 기회는 오지 않았다

빙수 재료를 너무 많이 주문해놓은 탓에, 장사 잘되는 옆집 손님을 어떻게 우리 집으로 오게 할까, 어떻게 하면 나도 편하게 돈을 벌 수 있을까라는 생각을 하며 손님들을 자세히 관찰하기 시작했다. 손님들은 맥주를 주문하며 "맥주 말고 애들 먹을 건 없나?" "맥주 맛있네. 선물할 거 없나?" 하면서 주위를 돌아보고 있었다.

독일 맥주 선물세트

바로 이거였다! 남들이 팔지 않는, 아이들 메뉴를 팔아야겠어! 그러한 생각이 떠오르자마자 바로 펠리스 카페로 달려가 매장 안에 있는 콜라, 무알콜맥주, 안주로 먹을 팝콘을 챙겼다. 그리고 여러 가지 맛의 독일 맥주 세 가지와 전용 맥주잔까지 들어 있는, 선물하기 좋게 포장된 독일 맥주 선물세트를 집어들었다. 선물세트 겉에는 '죽기 전에 마셔야 하는 맥주'라고 적혀 있다. 이것들을 몽땅 축제장으로 가지고 갔다. 우리 부스는 축제장을 빠져나가는 길목 쪽에 위치한 곳이라 선물세트를 가져가기 좋은 장소였다. 주위에는 같은 선물세트를 파는 부스도 없었다.

이번 예상은 정확했다. 아이들과 술을 안 마시는 사람들에게 먹혔다. 무알콜맥주와 콜라는 물론 선물세트들까지 완판되어 없어서 못 팔았다. 재고를 보충하기 위해 급하게 맥주회사에 전화해서 맥주 선물세트를 12박스 더 받았다. 콜라는 급한 대로 마트에 달려가서 사왔다. 맥주 선물세트와 콜라, 무알콜맥주는 3일 내내 완판되었다. 준비했던 빙수는 안 팔려 최악을 맛봤지만 예상치 못한 아이템들이 대박을 쳐 성취감에 기분이 좋아지고, 카페 일을 하는 데도 힘이 넘치고 재밌어졌다. 긍정 에너지가 넘치던 예전의 나로 돌아온 기분이었다.

축제장에서 많은 배움을 얻었다. 빙수가 안 팔린다고 신세 한탄만 하고 가만히 있었더라면 어떻게 됐을까? 에너지 받으려고 축제에 참가했다가 오히려 멘털이 털려서 더 큰 스트레스에 시달렸을 것이다. 맥주를 사가는 손님들의 말에 귀를 기울이고 주위를 살펴보며 틈새시장을 노린 건 정말 탁월한 판단이었다.

가질수록 더 갖고 싶은 게 사람의 욕심이지만, 힘들게 사는 이들을 위해 작은 보탬이 되었으면 하는 바람으로 많은 돈은 아니지만 몇몇 곳에 정기 후원을 하고 있다. 이번 독일마을 맥주축제를 통해 번 수익금의 일부(백만 원)를 펠리스 카페에서 정기후원하는 업체 중 하나인 파라과이 학교에 기부했다. 그러자 그곳 대표님이 감사함을 전하며, 자신이 운영하는 파라과이 학교로 나를 초청해주었다. 그래서 2019년에는 나 자신을 위한 여행은 잠시 접어두고 내 손길이 필요한 누군가를 도와주기로 했다.

파라과이에 봉사하러 갔다 내가 더 많이 배우다

뜨거운 나라에서 겨울 이불이라니

브라질을 경유해 30시간이 넘게 걸려 파라과이 아순시온 공항에 도착했다. 나를 초대해준 선교사님 부부가 반갑게 맞아주었다. 환전소에서 환전 후 파라과이 시내와 30분 정도 떨어진 선교사님 집으로 향했다. 현지인들이 사는 동네라고 하는데, 선교사님 집이 가까워질수록 불빛이 줄어들고, 도로 포장이 안 되어 있어 차가 덜컹거리고, 집들도 허름해졌다.

나는 선교사님 옆방에 딸린 작은 사랑방에서 묵었는데, 바닥에는 개미가 줄을 이었고, 집이 지어진 지 오래됐는지 천장에는 거미와 각종 벌레들이 붙어 있었다. 행여나 아래로 떨어지면 어떡하나 걱정하다가 밤잠을 설쳤다.

둘째 날에는 선교사님이 운영하는 학교를 돌아보고, 브런치 카

야외 테라스가 예쁜 카페

페에서 점심을 먹었다. 가정집처럼 예쁘게 꾸며놓은 곳이었는데 특히나 야외 테라스 자리가 좋았다. 이곳에는 다양한 종류의 달달한 디저트가 정말 많았다. 식사 후 도매시장에 가서 장을 본 뒤 집으로 돌아왔다.

이왕 파라과이에서 한 달 살기로 했으니 스페인어 과외를 받기로 했다. 아이들과 보다 적극적으로 소통하려면 스페인어를 배우는 게 좋을 거란 판단이었다. 전날 저녁부터 몸 상태가 안 좋아 저녁 9시에 잠자리에 들었다. 그런데 다음 날 아침 8시에 스페인어 과외를 받는데 열이 나서 선생님의 말이 전혀 귀에 들어오지 않았다. 한낮에는 40도까지 올라가는 뜨거운 땅에서 감기 몸살이 찾아온 것이다. 과외 후 옷을 세 겹이나 입었는데도 추워서 덜덜 떨렸다. 선교사님은 계속 추워하는 나를 위해 온열매트와 겨울 이불을 꺼내주었다. 꽁꽁 싸매고 또 잠이 들었다. 일어나니 오후 5시였다. 식사 후 잠시 산책을 한 후 다시 잠이 들어 다음 날 아침 8시에 일어났다. 그렇게 20시간을 넘게 자고 났더니 몸이 개운해졌다. 이래서 휴식이 필요한가 보다는 생각이 들었다. 정말 개고생하다 살아난 기분이었다.

사실 1년에 한 번씩 여행을 떠나오면 늘 첫 번째 여행지에서 앓아누웠기에 그다지 놀랍지도 않았다. 한동안 가게를 비워야 하니 이것저것 준비할 게 많아 여행을 떠날 무렵에는 더 열심히 일해 여행지에 도착하면 아픈 게 당연한지도 모르겠다.

빨리 말고 함께하기

파라과이는 볼리비아, 브라질, 아르헨티나에 둘러싸여 있는 내륙국으로 초원이 55%, 산림지대가 32%를 차지한다. 한국의 4배 크기에 전 국토가 아열대 또는 온대에 속한다. 10월에는 한국과 반대로 여름이 시작된다. 10월 최저기온은 25도, 최고기온은 42도다. 11~1월은 49도까지 올라간다. 내가 갔던 때가 10월 말이었으니 한창 더운 여름이었다. 낮에 거리에 나가면 뜨거운 바람이 불어오는데 마치 드라이어에서 나오는 뜨거운 바람 같다. 49도까지 올라가면 어떨지 상상이 안 된다. 모자와 선크림, 선글라스가

귀한 애플망고가 바닥에 마구 떨어져 있다.

정말 필수다.

무더운 날씨 덕분에 망고나무들이 사방팔방에 있다. 걷다 보면 한국에서는 비싸고 귀한 망고가 눈앞에서 갑자기 툭 떨어진다. 그럴 때마다 가슴이 철렁 내려앉았다.

일요일에는 파라과이 교회에 가서 예배를 드리며 파라과이 찬

아이들과 간식 만들기

양팀 아이들과 조금 친해졌다. 예배 후 이곳에서 조금 더 떨어진 빈민촌의 교회에서 아이들과 예배를 드릴 예정이었다. 많은 꼬꼬마들이 교회 앞에서 우리가 오기만을 기다리고 있었다. 예배 시작 전 마을 사람들을 전도하러 갔는데 포장도 안 된 흙투성이 거리를 슬리퍼를 신고 걷다가 뜨거워서 화상을 입을 뻔했다.

교회로 돌아와 예배를 드리는 동안 나는 몇몇 아이들과 함께 샌드위치를 만들었다. 나는 빨리 만든 뒤 쉬어야겠다는 생각을 하고 있었는데, 아이들은 웃으며 수다를 떨면서 엄청 느긋하게 천천히 만들었다. 처음에는 답답하고 조금 짜증이 났지만, 아이들은 빨리빨리가 아니라 '너는 빵을 잘라 줘. 너는 케첩을 뿌리고 나는 마요네즈를 넣을게. 마지막으로 빵을 덮어줘'라며 함께 샌드위치를 만드는 시간을 즐겼다. 함께하는 즐거움을 배운 시간이었다. 예배가 끝나고 교회 아이들에게 샌드위치와 음료를 나눠줬다. 샌드위치를 받기 위해 기다리는 반짝반짝 빛나는 아이들의 맑은 눈동자가 지금도 뚜렷하게 기억에 남아 있다.

오늘은 어떤 일이 기다리고 있을까

아침해가 떠오르기 전 붉은 하늘을 본 적이 있는가? 모두가 잠들어 있는 조용한 이때가 내가 가장 좋아하는 시간이다. 아름다운 수채화처럼 물든 고요한 붉은 하늘을 바라보면 오늘은 어떤 재밌는 일이 기다리고 있을지 설렌다.

학교로 향했다. 아이들은 주로 6시쯤 아침을 먹고 7시에 학교에 간다. 9시는 '메리엔다(Merienda)'라는 파라과이의 간식 타임이다. 아이들은 매점에 가서 샌드위치나 간식들을 사 먹는다. 나도 이들의 문화를 느끼기 위해 매점으로 갔다. 과자만 몇 개 쌓여 있고 텅 비어 있었다. 매점이 맞기는 한 건가 싶었다. 600원짜리 햄치즈 샌드위치를 주문했는데, 와플 만드는 기계처럼 생긴 기계에 오래돼 보이는 식빵과 햄과 치즈를 넣어 눌러서 줬다. 샌드위치 모양이 신기하기도 하고 웃기기도 해서 빵 터졌다. 그리고 조금씩 검게 변해가는 바나나는 서비스라며 공짜로 줬는데 의외로 너무 달고 맛있었다. 인심이 넘치는 재미있는 매점이었다.

간식 시간이 지나고 스페인어 과외도 끝나면 나만의 자유 시간

샌드위치를 주문하면 와플 기계 같은 데 빵을 넣어 구워준다.

이다. 사실 이 동네가 처음에는 무서웠다. 스페인어도 잘 못하는 데다 현지인들밖에 없어 혹시나 무슨 일을 당할까봐 혼자서는 절대 외출하지 않았다. 파라과이에 온 지 10일 만에 처음으로 혼자 나왔다. 오전이라 날씨도 시원하고 적당한 그늘도 곳곳에 있었다. 동네를 산책하다 집 앞 공원에 앉아 일기를 쓰고 책을 읽는데 여유롭고 행복했다. 사람들은 내가 신기한지 웃으며 인사를 건네고 지나갔다. 이렇게 좋을 줄 알았으면 종종 나와볼걸.

슈퍼에도 처음으로 혼자 가봤다. 내가 좋아하는 오트밀, 소이밀크, 와인, 그리고 커다란 참외처럼 생긴 멜론과 과자를 샀다. 집으로 돌아와 멜론을 손질했는데, 기대와 달리 멜론의 맛은 아무런 맛도 안 나는 '무맛'이었다. 꿀이나 설탕이 필요했다. 선교사님은 파라과이 멜론은 맛이 없어서 사면 안 된다며 다음부터는 브라질산 멜론을 사라고 했다.

행복에 무뎌지지 않기

2주간의 시간이 금세 지나고 떠나야 하는 날이 다가왔다. 아이들과도 제법 친해졌다. 휴대폰으로 맨날 SNS 한다고 대화가 단절된 나에게, 아이들은 함께하는 걸 가르쳐주었다. 아이들과 이야기하며 춤추고 노래 부르는 게 좋아졌다.

이곳은 오후 1시쯤 되면 전기가 2시간 정도 끊긴다. 냉장고 안의 음식들도 상할 수 있다는 사실을 뒤늦게 깨달았다. 정전이 되어 촛불을 켜야 하는 날도 많았다. 처음에는 흙먼지 날리며 지나가는 차를 보고 욕을 했는데, 살다보니 흙먼지 냄새가 좋아졌다. 이곳의 벌레들은 잘 먹어서 그런가 어찌나 큰지, 여전히 벌레들에는 적응이 안 됐다.

가진 게 많다고 행복한 것도 아니었고, 가진 게 적다고 행복하지 않은 것도 아니었다. 그들은 나보다 더 많이 가졌고 더 많이 행복해했다. 그들을 도와주러 왔는데 행복한 그들의 모습에서 내가 더 많이 느끼고 배웠다.

여행보단 살아보기, 아르헨티나 한 달 살이

열정적인 부에노스아이레스

2016년 11월에 카페를 시작한 후 첫 번째 한 달 휴가로 남미를 여행했는데, 그때 부에노스아이레스에 3일간 머물렀었다. 짧았지만 정말 강렬했던 시간이었다.

그곳에 도착했던 날, 부에노스아이레스의 상징인 오벨리스크 사진을 페이스북에 업로드했더니, 미국 하얏트호텔에서 같이 일했던 마리엘라가 만나자고 연락이 왔다. 그녀는 부에노스아이레스 출신이다. 오랜만에 만난 우리는 번화가에 있는 핫한 술집에서 맥주를 마시며 추억을 되새겼다. 혼자 여행을 오면 항상 긴장하게 되는데, 현지인 친구가 옆에 있으니 안심이 되었는지 맥주를 제법 마셨다. 긴장도 풀리고 부에노스아이레스의 밤에 홀딱 취해버렸다.

이곳에서 인상 깊었던 공연들이 있었다. 첫 번째는 국제적인 호평을 받는 '푸에르자브루타'라는 공연이다. 공중을 포함해 모든 공간을 활용해 공연자들과 청중들이 상호작용하며 열정 넘치는 음악과 춤의 무대를 완성한다. 시간 가는 줄 모르게 그들의 퍼포먼스에 완전히 빠져들었다.

내가 살면서 보았던 연극, 뮤지컬과는 180도 달랐고 신선한 충격이었다. 공연 마지막에는 하늘에서 물을 뿌리는데, '싸이 흠뻑쇼'에 온 기분이었다. 다 함께 물을 맞으며 앞 사람, 옆 사람, 서로 모르는 사람들과 흥에 못 이겨 춤을 췄다. 'we are the world.' 언제가 될지 모르지만 꼭 다시 오리라 다짐했다.

두 번째는 탱고의 고장인 부에노스아이레스에 오면 무조건 봐야 하는 탱고 쇼다. 다음 날 탱고 쇼를 예약한 레스토랑으로 향했다. 탱고 쇼를 보기 전에 관람객들은 레스토랑 옆쪽의 레슨실에서 다같이 탱고의 역사와 스텝과 춤을 간단하게 배우는데 아주 재미있었다. 그런 다음 격식이 갖춰진 레스토랑에서 스테이크 또는 해산물 코스요리와 와인을 2시간가량 먹으며 탱고 쇼를 관람한다. 전통 스타일의 탱고부터 현대 스타일의 탱고까지, 탱고의 역사와 흐름을 보여준다.

마지막에 주인공들이 객석 근처로 와서 춤을 추는데, 키 큰 훈남의 주인공이 나에게 손을 내밀었다. 사실 나는 최고의 몸치지만, 분위기상 일어나야 하는 거 같았고 와인도 한잔했겠다 용기를 내서 아까 배운 춤을 기억해 잠깐이나마 주인공의 리드에 따

순식간에 탱고 쇼 주인공이 되어버렸다!

라 춤을 추었다. 마치 내가 주인공이 된 것만 같았다. 그때의 설렘을 잊지 못한다. 그렇게 그 도시와 사랑에 빠져버렸다. 다음에 꼭 다시 와서 현지인같이 살아보면서 탱고를 정식으로 배우리라 마음먹었다.

이후 3년이라는 세월이 흘러, 2019년 11월 파라과이에서 한 시간 만에 부에노스아이레스에 도착했다. 해외여행을 다닌 지 벌써 17년 차지만, 항상 낯선 여행지에 오면 설레는 동시에 약간의 두려움을 느낀다. 여행지에서 만났던 사람, 공간, 그곳의 향이 가장 기억에 남는다.

공항에 도착해 출구로 나오는데 누군가가 'SOPHY JINSIL'이라

공항에 마중 나온 마리엘라 아버지

적힌 종이를 들고, 나를 보며 환하게 웃으며 손을 흔들었다. 부에노스아이레스에 살고 있는 마리엘라가 혼자서 여행 온 내가 걱정이 되었는지, 택시기사인 자신의 아버지에게 픽업을 부탁한 것이었다. 긴장했던 마음이 친구 아버지를 보니 사르르 녹아내렸다.

안전염려증이 있는 나는 부에노스아이레스에서 안전하고 부자 동네로 꼽히는 팔레르모에 있는 에이비앤비에 묵기로 했다. 위성지도로 확인해보니 주위도 깔끔하고 안전해보였다. 무엇보다 매일 다닐 분위기 있는 카페와 와인바가 몰려 있어 한눈에 뽕 반해 예약을 마쳤다. 마리엘라 아버지의 도움으로 헤매지 않고 단번에 숙소에 도착했다. 체크인할 때 에어비앤비 주인이 어떤

커피, 오렌지주스, 메디아루나가 차려진 아르헨티나식 조식

사람인지 확인하고 가야겠다며 함께 기다려준다는 걸 걱정 말라며 돌려보냈다. 체크인 시간까지 2시간이 넘게 남아 택시기사인 친구 아버지를 붙잡아놓을 순 없었다.

숙소 바로 앞 카페에 앉아 그들의 식문화도 경험할 겸 아르헨티나식 조식을 주문했다. 아르헨티나식 조식이라고 뭐 특별한 것은 없다. 아침에 대개 오렌지주스, 메디아루나(Medialuna, 스페인어로 반달을 의미한다. 크루아상보다는 작고 더 단맛을 지닌, 반달을 닮은 페이스트리다), 딸기잼, 커피를 함께 먹는다. 메디아루나를 먹고 있는데, 비행기 시간을 보니 도착한 것 같다며 에어비앤비 사장님이 문자를 보내왔다. 2시간 일찍 체크인을 해주겠다며 내가 있는 카페로 찾아왔다. 고마운 마음에 사장님의 커피와 메디아루나를 주문해 함께 식사를 마친 후 계산을 하려고 하니 이미 내 것까지 사장님이 계산한 뒤였다. 벌써 두 명의 현지인에게 빚을 졌다. 한 달간 머물면서 맛있는 식사를 대접해야겠다고 마음먹었다.

부에노스아이레스의 첫날밤이 되었다. 좋은 사람들과의 맛있는 식사, 너무나 완벽한 하루다. 그리고 한 달 동안 머물 숙소도 지은 지 얼마 되지 않은 신식 건물이라 깨끗하고, 냉난방 시설은 물론 요리할 수 있는 주방도 있었다. 심지어 장 보러 다닐 때 사용할 장바구니까지 준비되어 있었다. 제일 마음에 들었던 것은 야외 테라스였다. 창문을 열면 길거리를 오가는 사람들이 보였다. 매일 아침 이곳에서 커피를 마시며 하루를 시작할 생각에 들떴다. 그렇게 부에노스아이레스 한 달 살이를 시작했다.

숙소 근처 탐색하기

부에노스아이레스의 11월 날씨는 17~23도를 왔다갔다하는 딱 초여름 날씨다. 맑은 하늘 아래에 알록달록한 집들이 참 이쁘다. 한 달짜리 유심을 구입하기 위해 부에노스아이레스에서 가장 매장이 많은 클라로(Claro)로 향했다. 유심 가격은 하루 10페소! 당시 우리 돈 200원이다. 정말 저렴하다. 유심을 산 다음에는 교통카드(Sube)를 구매했다. 아르헨티나 교통카드는 공항, 지하철역, 편의점에서 구매할 수 있다.

한 달 살이에 필요한 유심과 교통카드를 구입한 뒤 운동복으로 갈아입고 에어비앤비 주변 길도 익힐 겸 조깅과 산책을 했다. 나

다리 위에서 본 아름다운 호수

의 여행 취미 중 하나는 여행지 일출 보기다. 아침잠이 없는 내겐 딱 맞는 취미다. 아침마다 조깅을 하며 일출을 볼 공원을 정했다. 트레스데 페브레로 공원(Tres de Febrero Park, 팔레르모 숲이라고도 한다)으로 향했다. 숙소에서 가장 가깝고 조깅하기 딱 좋은 코스였다.

뉴욕의 센트럴파크처럼 도심 속 큰 공원이다. 잔디에는 낮잠을 자는 아르헨티노들이 보였다. 조깅, 인라인스케이트, 배구를 즐기는 사람들, 함께 모여 헬스를 하고 있는 무리들도 보였다. 커다란 호수에는 오리들도 보이고, 오리배도 탈 수 있다. 아름다운 장미공원도 있다. 곳곳에서 분수가 뿜어져 나오는데 사진 찍기 딱 좋다. 일보다는 사랑하는 사람들과의 시간, 자유 시간을 더 중요

화려한 원색이 돋보이는 라보카 골목길

하게 여기는 이곳 사람들은 쉬는 법을 아는 것 같다. 왠지 나도 마음이 느긋해졌다. 공원 옆쪽에는 음식점들과 펍, 노천카페들이 줄지어 들어서 있다. 조깅을 한 뒤 커피 한잔이나 아침을 먹고 들어가기 딱 좋은 위치다.

장미공원 산책 후 플라자 이탈리아(Plaza Italia) 거리로 향했다. 이 길로 쭉 걸어가다 보면 '팔레르모 소호(Palermo Soho)'를 만난다. 이곳에는 화려한 원색으로 칠해진 알록달록한 집들과 개성이 넘치는 그래피티 벽화들이 있고, 감성이 넘치는 카페, 음식집, 맥줏집이 많다. 이곳에서 아름다운 노을을 보며 아르헨티나의 하루가 저물었다.

어딜 가나
친구가 있음에 감사

세계 어딘가에서 또 만나자

남미가 좋아 남미 여행 가이드를 하며 세계 여행을 하는 지인이 있는데, 페루에 가기 위해 부에노스아이레스를 5시간 동안 경유한다며 나를 만나러 공항 밖으로 나왔다. (그는 현재 스마일로드 여행사 대표다. 2024년 스마일로드 여행 상품을 이용해 부모님과 남미 여행을 다녀왔다.)

우버를 타고 한인타운으로 갔다. 부에노스아이레스에는 한인촌이 두 군데 있는데, 카라보보(carabobo)에 있는 제1한인촌과 플로레스타(floresta) 지역에 있는 제2한인촌이다. 제1한인촌은 대표적인 한인 거주지로 한식당, 한인마트, 한의원 등 다양한 한인 관련 시설이 많다. 하지만 빈민촌 옆쪽에 위치해 있어 조금 위험하다고 하니 야간에는 이용하지 않는 편이 좋다.

우리는 제1한인촌에 있는 '향가'라는 음식점에서 만났다. 오랫

만나빵집

만에 한식 메뉴판을 보니 모든 게 다 먹고 싶었다. 둘이서 오징어 제육볶음, 비빔냉면, 고기찐만두를 먹으며 지난 시간을 돌아보며 담소를 나누었다. 해외에서 만날 수 있는 친구가 있다는 사실이 너무 감사했다. 식사 후 '만나빵집'으로 향했다. 아르헨티나 친구인 마리엘라에게 한국 빵 맛을 보여주고 싶었다. 그렇게 우리는 다음에 또 세계 어딘가에서 만나자고 약속하고 헤어졌다.

피아졸라 탱고 쇼

저녁에는 피아졸라 탱고 쇼를 예약해뒀다. 시작 시간 전에 근

대통령궁

처 야경을 보기로 했다. 메트로폴리탄 대성당으로 향했다. 대성당 앞쪽으로 마요(Mayo)광장이 보이는데 '5월의 광장'이라는 뜻이다. 1810년 5월 스페인으로부터 독립을 선언한 달을 기념해 이런 이름을 지었다고 한다. 마요광장에서 앞으로 걸어가다 보면 핑크색의 이국적인 건물이 보이는데 '카사로사다(Casa Rosada)'라는 대통령궁이다. 들어가고 싶었지만 사전 예약을 해야 한다고 했다. 시간은 많으니까 다음번에 꼭 들어가보리라!

대통령궁을 뒤로하고 부에노스아이레스의 야경 명소 '여자의 다리'로 향했다. 도착했을 때는 이미 해가 져서 일몰을 보지는 못했지만 하늘이 핑크색으로 아름답게 물들어 있었다. 여자의 다리

여자의 다리

주변에 푸에르토 마데로(Puerto Madero) 지구가 있는데, 라플라타 강을 끼고 있다. 강가에는 레스토랑과 맥줏집들이 줄을 지어 늘어서 있다. 3년 전 라플라타 강을 바라보며 이곳에서 아이스크림과 햄버거를 먹었다. 추억 속의 프레도(Freddo) 아이스크림 가게가 변하지 않고 그대로 있어줘서 너무 감사했다. 이곳에서 아이스크림을 먹으며 야경을 바라보면 환상적이다.

밤 10시 피아졸라 탱고 쇼 시간이 되었다. 가격은 20달러(식사 불포함)였다. 공연 시작 30분 전에 도착해 티켓을 받았다. 공연을 보면서 식사도 할 수 있다. 탱고의 거장 피아졸라가 실제로 무대에서 사용했다는 '반도네온(Bandoneon, 아코디언처럼 생긴 악기다. 애절하고

피아졸라가 사용했던 반도네온 / 화려한 탱고 쇼

정열적인 선율이 탱고 음악과 잘 어울린다)'이 전시되어 있었다.

3년 전 기억이 너무 좋아 다시 찾았는데, 탱고 쇼를 보는 내내 감탄사를 멈추지 못했다. 여전히 이 쇼는 화려하고 훌륭했다. 숙소로 돌아와 인터넷으로 탱고 수업하는 곳을 찾아봤다. 숙소 근처 학원에서 배우기로 했다.

나를 행복하게 해준 타르트

다음날 에어비앤비 사장님으로부터 레콜레타 묘지 무료 워킹 투어가 있다는 정보를 듣곤 바로 신청을 했다. 오후 4시부터 시작이라 여유가 있어 근처에 있는 파랑색 입구가 예쁜 안드라 베이커리(Andra Bakery)로 갔다. 입구부터 빵 냄새에 취했다. 사장님이 케이크부터, 빵, 쿠키, 잼 모든 것을 수제로 만든다. 살짝 배가 출출해서 비트키슈를 주문했다. 금방 했는지 뜨끈해서 더 맛있었다. 크기가 커서 한 끼 식사로도 가능할 것 같다. 후식으로는 딸기귤치즈무스 타르트를 주문했다. 동글동글 귀엽게 생겼는데 먹음직스러웠다. 커피랑 함께 먹었는데 많이 달지도 않고, 입에서 살살 녹아내리는 치즈 무스는 느끼할 수도 있었지만 속에 든 상큼달콤한 딸기와 귤잼과 함께 먹으니 너무나 행복해졌다.

사장님과 빵 얘기를 하면서 이내 친해졌다. 20년째 베이커리 가게를 하고 있다는 안드라는 빵과 케이크 만드는 걸 너무 재밌어하고 자기 일을 사랑한다. 안드라에게 케이크를 배우고 싶다는 생각이 들었는데, 마침 베이커리 클래스를 운영하고 있다는 얘길 듣곤 곧장 등록했다. 맛있게 먹었던 딸기귤치즈무스 타르트와 아르헨티나 국민 간식 알파호르(Alfajor) 두 가지를 배웠다. 수업은 영어

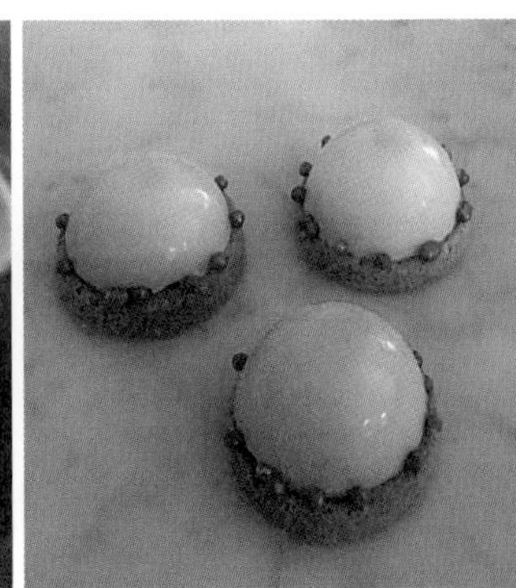

주문한 딸기귤치즈무스 타르트 / 내가 만든 딸기귤치즈무스 타르트와 알파호르

아름다운 주택가 같은 레콜레타 묘지

로 진행되었고, 안드라의 가르침에 따라 열심히 만들었다.

내게 행복감을 안겨준 안드라 베이커리의 딸기귤치즈무스 타르트와 알파호르를 들고 아르헨티나에서 만난 소중한 인연들, 친구들에게 이 행복을 배달 가기로 했다. 다른 사람에게 행복을 나눠주기 위해!

세상에서 가장 아름다운 공동묘지와 서점

레콜레타 묘지 워킹 투어 시간이 되어 얼른 걸음을 옮겼다. 놀랍게도 이곳은 공동묘지가 아니라 마치 고급 주택이 들어선 아름

세상에서 제일 아름다운 엘아테네오 서점

다운 거리 같았다. 미로같이 되어 있어 레콜레타 묘지 이곳저곳을 돌아다니다 보면 길을 잃기 십상이다. 하지만 워킹 투어를 하면 함께 다니니 길을 잃을 염려는 없다. 그래도 혹시 길을 잃으면 예수상을 찾아서 오면 된다.

이곳에는 아르헨티나 대통령, 노벨상 수상자 등의 유명인사들, 부에노스아이레스 특권층과 부유층이 안치되어 있다. 아르헨티나 대통령 후안 페론의 아내로 살아생전 노동자와 빈민에게 많은 도움을 준 에바 페론을 찾는 사람이 많다고 한다.

레콜레타 묘지 투어 후 엘아테네오 서점으로 향했다. 걸어서 15분가량 걸린다. 오페라 극장을 개조한 서점인데 세상에서 가장 아름다운 서점으로 꼽힌다. 경영난을 이기지 못해 극장에서 서점으로 재탄생시켰다고 한다. 발상의 전환이다.

고풍스런 장식과 천장의 화려한 벽화와 조명에 눈이 정화되는 웅장한 서점이다. 포르투갈에 있는 해리포터 서점은 정말 작은 데다 입장료도 있는데, 이렇게 근사하고 분위기 좋은 엘아테네오 서점은 입장료가 없다. 과거 무대였던 곳은 카페로 사용된다.

친구들이 보고 싶어 마이애미로 날아가다

아르헨티나에 한 달간 살며, 주말마다 마리엘라 집에서 아사도 파티(바비큐 파티)를 했다. 아르헨티나 사람들은 대개 8시에 아침을, 1시에 점심, 5시에 간식을 먹고, 9시에 저녁을 먹는다.

마리엘라 아버지가 2시간 동안 숯불에 소목살, 곱창, 모르씨야(Morcilla, 순대와 비슷하다), 초리소, 스테이크 등 다양한 부위의 고기를 구워주셨다. 후식으로는 복숭아 파이와 아르헨티나 전통 과자인 파스텔리토(Pastelito)를 먹었다. 마리엘라와 나는 9년 전 추억 이야기를 나누며 맥주를 마셨다.

그렇게 아르헨티나에서의 행복한 한 달 살이를 마치고 멕시코로 갔다. 잠시 멕시코에 있다 한국으로 돌아갈 예정이었다. 그런데 그곳에서도 미국에서 함께 일한 친구와 연락이 닿아 맥주를 마시게 되었다. 옛날 이야기를 하다 갑자기 친구들이 보고 싶어 이대로 한국으로 돌아가기가 너무 아쉬웠다. 결국 나는 마이애미

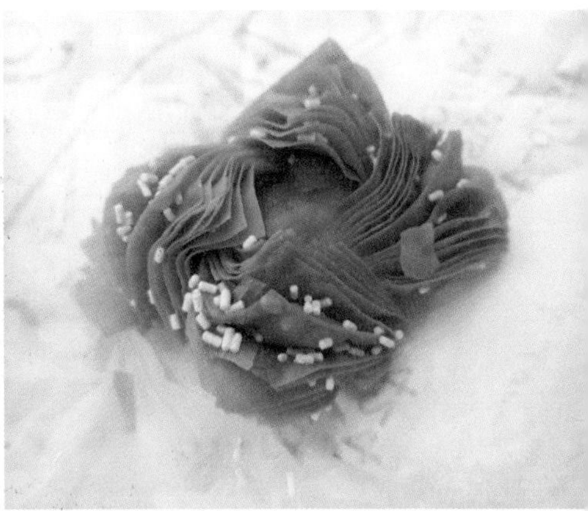

우리나라 순대를 닮은 모르씨야와 아르헨티나 전통 과자 파스텔리토

로 가는 비행기 티켓을 끊었다. 친구들에게 메시지를 보냈다. 호텔에서 같이 일했던 친구들 5명이 픽업을 온다고 해서 처음엔 당황스러웠지만, 한편으로는 기분이 좋았다.

마이애미 공항에 도착해 뭉게구름이 가득한 하늘을 바라보는데 눈물이 핑 돌았다. 마이애미가 많이 그리웠나 보다. 공항 밖에 나와 친구를 기다리는데, 럭셔리한 오픈카 한 대가 들어왔다. 저런 멋진 차 타고 마이애미 비치를 돌아다니면 정말 좋겠다라며 부러워하고 있는데, 그 차가 내 앞에 멈추더니 친구가 내리는 게 아닌가. 그 모습을 아직 잊지 못한다. 말 그대로 대박 멋졌다!

우리는 이제 어른이 되었다. 9년 동안 열심히 일하고 돈을 모아 각자 좋아하는 분야에 돈을 쓴다. 어릴 때부터 차를 매우 좋아했던 그 친구는 멋진 차를 갖게 되었고, 여행을 좋아한 나는 지금

친구가 몰고 온 럭셔리한 오픈카

까지 이렇게 여행을 다니고 있다. 나는 부스스한 트레이닝복에 슬리퍼 차림으로, 나와는 전혀 어울릴 것 같지 않은 근사한 오픈카에 몸을 실었다.

"9년 동안 주름만 늘었지"라며, 차 타고 가는 내내 깔깔거리며 우리는 9년 전으로 돌아갔다. 친구 집에 초대를 받았는데 당시 다섯 살이었던 그의 어린 동생이 지금은 늠름한 중학생이 되어서 나에게 "소피!" 하며 반갑게 인사를 했다. 내가 맛있는 거랑 선물을 자주 주며 아주 이뻐해주었더니 9년이나 지났는데도 나를 기억하고 있었다. 친구가 만들어준 수제 피자와 맥주를 마시며 마이애미의 밤은 깊어갔다.

내 생의 최고의 출장,
스페인 식품박람회

단지 호기심 때문에 내 생애 가장 비싼 티켓을 지르다!

무역업을 하고 있는 아는 사장님 두 분이 바르셀로나에서 세계 식품박람회가 열리는데 함께 가는 게 어떠냐고 물어왔다. 한국에서 하는 박람회는 많이 가보았으므로 세계 각국의 식품들이 소개되는 외국 박람회는 어떨지 궁금했다. 한편으로는 함께 가는 분들이 다양한 분야의 전문가이므로 이번 기회에 뭔가 새로운 걸 배울 수 있으리란 기대감에 심장이 두근거리기 시작했다. 얼마만의 두근거림인가.

평소 나는 항공권을 사기 위해 100만 원 이상 결제해본 적이 없다. 비용을 아끼기 위해 수시로 검색해 항공권이 가장 저렴한 날짜를 선택한다. 하지만 이번 여행은 달랐다. 출발일이 촉박해 비싸게 살 수밖에 없는 상황이었다. 여행이 아니라 '출장'을 간다고 생각하고 출발 일주일 전에 세 자리 숫자의 비싼 항공권을 질러버렸다. 새로운 것을 추구하고 뭐든 배우려고 하는 호기심 많은 나는 정말 즉흥적인 사람이다.

항공권을 끊은 후 바로 숙소를 검색했다. 인스타그램을 보다 마음에 드는 민박집을 발견했다. 한국인 여자 사장님이 운영하는 그곳은 우리나라의 강남 같은 번화가 중심에 위치해 있었다. 높은 층이라 숙소에서 내려다보는 도시 풍경이 너무나 마음에 들었다. 도시에 사는 사람들과 달리 남해에 사는 내겐 높이 솟은 건물들이 빼곡한 도시가 환상적인 곳이다. 게다가 우아하고 깔끔한 접시 위에서 입맛을 자극하는 붉은색의 닭볶음탕 사진이 눈을 사로잡았다.

그래 이곳이다! 곧바로 예약을 했다. 일주일 뒤 나는 기대에 부푼 마음을 안고 바르셀로나에 도착했다.

세상에서 가장 행복한 시간

커튼 사이로 들어오는 햇살이 아침임을 알리고, '꼬르륵' 배고픔을 알리는 뱃속의 알람시계가 요란하게 울렸다. 조식 시간에 맞춰 1등으로 식탁에 자리를 잡았다. 여행할 때 나의 건강을 책임져줄 것 같은 초록초록한 샐러드와 지방을 책임져줄 치즈, 나의 입맛을 돋우던 새빨간 닭볶음탕, 그리고 계란말이와 호박전, 외국에선 비싸고 귀한 김치까지 완벽한 한 상이었다.

식사 후 방으로 돌아와 방에 딸린 작은 야외 테라스에서 커피를 마시고, 그림을 그리고, 책도 읽으며 혼자만의 시간을 가졌다. 문득 건너편 건물 테라스를 보니 할아버지가 편하게 앉아서 신문을 읽고 있었다. 할아버지도 나도 지금 이 시간만큼은 우리보다 더 행복한 사람은 없을 것이라는 생각이 들었다.

그렇게 다리를 쫙 펴고 세상 제일 편한 자세로 선베드에 누워 하늘을 바라보다 눈이 부셔 눈을 감고 있다 잠깐 잠이 들었다. 스트레스를 많이 받고 힘들 때 온 출장이라 그런지, 한가한 장소에서 여유로운 시간을 보내는 것이 처음에는 불안하고 사치같이 느껴졌다. 하지만 지금 이 시간을 잠깐 즐기기로 마음을 바꾸고 나니 휴양지에 와 있는 듯 편안했다.

식자재들의 신세계에서 새로운 영감을 얻다

박람회장에 가기 위해 일찍 숙소를 나섰다. 지하철역은 민박집에서 걸어서 5분밖에 걸리지 않았다. 지하철을 타고 스페인광장에 내려 박람회 셔틀을 타고 박람회장으로 향했다. 셔틀에서 내리니 줄을 선 엄청난 인파를 보고 깜짝 놀랐다. 내가 제일 부지런한 줄 알았는데, 나보다 더 일찍 와서 기다리는 사람들이 많았다. 줄을 서서 내 이름과 '펠리스 카페'가 적혀 있는 영어로 된 명찰을 받았다. 뭔가 대단한 사람이 된 것 같은 기분이 들었다. 박람회장은 1~9관까지 있으며 축구장보다 더 큰 규모였다. 3일 동안 둘러

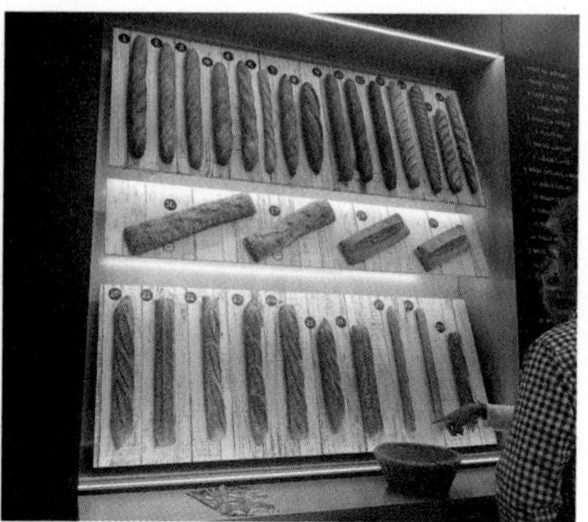

다양한 냉동식품과 빵

봐도 다 못 볼 수도 있다는 말이 공감되었다.

처음 보는 다양한 식자재를 비롯해, 스페인의 유명한 하몬 코너, 다양한 취향과 개성이 넘치는 디저트 코너, 한 끼의 완벽한 식사라 할 만한 질 좋은 냉동식품 코너, 먹으면 정말 건강해질 것 같은 건강식품, 신기하고 재밌는 아이디어 상품 등이 엄청나게 진열되어 있었다.

조금씩 다리가 아프기 시작할 때쯤 어딘가에서 향긋한 커피향이 코를 자극했다. 곧바로 향이 나는 쪽으로 향했다. 잘생긴 스페인 바리스타가 만들어주는 카페 코르타도를 시음했다. 카페 코르타도는 카페라테와 흡사한 맛이다. 함께 주는 입술 모양의 밀크초콜릿의 달콤함과 커피의 카페인이 몸 구석구석 퍼지면서 피곤하다고 소리 지르던 세포들이 살아나기 시작했다. 커피 한 잔에 다시 힘이 불끈 솟아나 다른 부스로 발걸음을 옮겼다.

거대한 하몬

스페인 하면 와인과 하몬이 유명하다. 3미터는 훨씬 넘어 보이는 초대형 하몬이 천장에 달려 있었다. 어떻게 저렇게 징그럽게 생긴 돼지 뒷다리를 자랑스럽게 매달아놨을까? 적응이 잘 안 되었다. 옆쪽으로는 누구 뒷다리가 더 예쁜지 자랑하듯 계단식으로 하몬들이 빙 둘러 전시되어 있었다. 하몬 옆쪽에는 카탈루냐 지역의 스파클링 와인 중 하나인 세계적으로 유명한 까바 와인이 있었다. 연간 1억 병 정도가 스페인에서 생산된다고 한다. 까바 와인과 최고의 궁합을 보여주는 하몬은 이베리코 하몬이다. 도토리를 먹여 키우는 흑돼지 뒷다리를 염장 숙성한 고급 햄이다.

같이 간 사장님이 스페인 직원과 프리토킹하는 모습이 어찌나 멋지던지, 나도 스페인어를 잘하고 싶은 마음이 커졌다. 여행을 다니며 스페인어를 조금씩 배우긴 했지만 잘하진 못했다. 물어보고 싶은 질문이 많은데 언어의 장벽 때문에 못하면 나만 손해다!

어느새 꾸릿하고 쿰쿰한 향이 느껴지는 장소로 이동해왔는데 치즈 코너였다. 스페인어로는 '깨소(Queso)'라고 부르는데 소, 양, 염소 젖으로 만든 다양한 치즈가 있었다. 한국에서는 비싸서 사 먹기 부담스러운데 이곳에서는 마음껏 시식해보았다. 그중 스페인에서 유명한 멘체고 치즈는 내가 좋아하는 치즈 중 하나인데, 센스 있는 직원이 와인과 함께 줬다. 음료 코너로 넘어와 다양한 초콜릿 음료와 초콜릿 맛이 나는 위스키도 맛보았다. 위스키를 먹고 나니 달달한 디저트가 당겼다. 스페인과 포르투칼에서 유명한 에그타르트 코너로 갔다. 스페인 에그타르트보다 포르투갈 에그타르트가 좀 더 크림이 부드럽고 덜 달다.

마음에 드는 아이템과 물건들이 있으면 샘플을 요구하고 한국에서 런칭하고 싶은 물건이 있으면 딜도 하며 현지인들과 이야기를 나누었다. 팸플릿을 챙기고, 이메일 주소도 받아오고, 신기한 음식을 맛보며 시간 가는 줄 모르고 돌아다녔다. 그리고 같이 간 사장님들과 대화를 나누며 유익한 시간을 보냈다. 오지 않았더라면 몰랐을 식자재들의 신세계, 그 속에서 많은 새로운 영감들이 내 머릿속으로 들어왔다.

가우디가
구엘을 만나지 못했더라면

나는 가우디의 삶이 불행한 줄 알았다

가우디는 스페인 최고의 건축가다. 인체적인 특성까지 집어넣은 그의 건축물을 보면 정말 입이 딱 벌어진다. 건축물뿐만 아니라 그가 살아온 발자취를 살펴보면 또 다른 시선으로 그의 건축물과 바르셀로나를 바라볼 수 있다. 이전에 나는 가우디를 일만 하다 죽은 불쌍한 사람이라고 생각했었다. 하지만 가우디 투어에 참가한 후 이런 생각은 완전히 달라졌다.

가우디 투어 때 가장 먼저 간 곳은 까사 밀라였다. 까사 밀라는 산을 형상화한 건물인데, 물결 모양의 외관이 인상적이다. 곡선의 아름다움이 돋보이는 까사 밀라는 당시 새로운 방식의 건축물이라 많은 사람들에게 혹평을 받았다. 그는 인정받지 못한, 시대를 앞서나간 건축가였다.

산을 형상화한 까사 밀라

바르셀로나 신시가지인 그라시아 거리에서 출발해 가우디 스토리를 들으며 다 함께 이어폰을 끼고 걷기 시작했다. 조금만 걸으면 까사 바트요를 만난다. 까사 바트요는 바다를 형상화한 건물로 정말 화려하다. '트렌카디스(Trencadís) 기법'을 사용해 유리 파편과 타일로 외관을 마무리해서 낮에는 햇빛을 받아 반짝거리고, 저녁에는 화려한 조명을 받아 반짝거린다. 건물 전체가 한 마리의 용 같으면서 지중해의 시원한 바다의 느낌을 받을 수 있다. 건물

지중해의 시원한 바다가 연상되는 까사 바트요 / 동화 속 마을 같은 구엘공원

내부에는 파란색 모자이크를 둘러서 마치 바닷속에 들어온 기분이 느껴진다. 가우디는 정말 자연을 사랑한 천재적인 건축가다.

까사 바트요를 본 다음, 버스를 타고 구엘공원으로 향했다. 공원 안은 곡선 모양의 의자들과 〈헨젤과 그레텔〉 같은 동화 속에 나올 만한 집들이 많았다. 감탄사가 절로 나왔다. 공원 안은 모든 게 사진 스팟이라 할 만큼 아름답다. 관람객도 정말 많았고, 이날은 햇살도 뜨겁고 날씨도 좋아 이곳을 도는 내내 나의 기분도 덩달아 좋아졌다.

다시 버스에 몸을 싣고 몬주익 언덕으로 향했다. 사람들이 붐비던 구엘공원에 있다가 와서 그런지 조용한 느낌이었다. 언덕에서 바라보는 바르셀로네타 해변이 너무 멋졌다. 언덕을 내려와 바르셀로네타 해변의 맛집, 라폰다 레스토랑으로 향했다. 바르셀로나에 오면 꼭 먹어야 한다는 꼴뚜기 튀김, 올리브유와 토마토를 곁들인 빵, 해산물 빠에야를 먹었다. 빠에야는 한국에서 먹던, 내가 생각했던 맛이 아니고 해산물도 적어 조금 실망스러웠다. 하지만 꼴뚜기 튀김은 정말 맛있었다. 왜 다들 꼴뚜기 튀김을 추천하는지 이해가 되었다.

그렇게 어느덧 오전이 지나고 가우디 투어의 하이라이트이자 마지막 코스인 사그라다 파밀리아 대성당으로 향했다. 1882년부터 시작해 지금까지도 공사 중이다.

1926년 6월 7일, 가우디는 성당에서 미사를 마치고 집으로 가던 길에 전차에 치였다. 그런데 너무 허름한 노숙자 차림이라 전차 운전사는 그를 내팽겨치고 가버린다. 사람들의 무관심과 늦은 구조 탓에 겨우 병원에 도착했지만, 그는 6월 10일 74세의 나이로 세상을 떠났다. 가우디는 전 재산을 사그라다 파밀리아 대성당에 기부하겠다는 유언을 남겼다. 죽을 때까지 자신의 일을 사랑한 가우디의 이야기를 듣자 사그라다 파밀리아 대성당 입장료가 아깝지 않았다. 그의 장례식은 사그라다 파밀리아 대성당에서 치러졌고, 그는 대성당 지하 묘지에 안장되었다.

사그라다 파밀리아 대성당

사람들에게 잊혀졌을 때

당시 바르셀로나 최강 부자 구엘은 천재적인 가우디를 알아보았고 그의 재능에 투자했다. 그들은 인생에서 최고의 파트너였고, 서로에게 최고의 기회였다. 수많은 관광객이 그들이 남긴 건축물을 구경하러 바르셀로나로 몰려든다. 바르셀로나를 먹여 살리는 건 가우디라는 말도 있다. 구엘이 없었더라면 가우디 같은 천재는 재능을 발휘하지 못했을 것이고, 가우디가 없었더라면 돈은 많았지만 구엘은 사람들이 기억하지도 못할 것이다.

《부자 아빠 가난한 아빠》에 이런 문구가 있다.

"좋은 기회는 눈으로 볼 수 있는 것이 아니다. 마음으로 봐야 한다."

살아가면서 어떤 파트너를 만나는가는 정말 중요한 일인 것 같다. 만화 〈원피스〉에서 닥터 히루루크는 다음과 같은 명언을 남겼다.

"사람이 언제 죽는다고 생각하나? 심장이 총알에 뚫렸을 때? 아니야! 불치의 병에 걸렸을 때? 아니야! 맹독버섯 수프를 먹었을 때? 아니야! 바로 사람들에게 잊혀졌을 때다."

가우디는 정말 행복한 사람이다.

두 달간 서로 일터 바꿔 살아볼까요?

그녀는 내 운명

갑작스런 출장으로 바르셀로나에 왔지만, 늘 반복되는 일상의 피곤함에 지친 내게 이곳은 휴양지 같은 느낌이었다. 아무도 모르는 곳에, 한 번도 오지 않았던 새로운 곳에 와 있는 것 자체가 정말 가슴 떨리는 일이다. 게다가 이곳은 모든 사람이 오고 싶어 하는, 한 번 오면 사랑에 빠진다는 도시 바르셀로나다!

함께 온 사장님 두 분은 한국으로 돌아가고 나는 이곳에 좀더 묵었다. 하루는 음악을 틀어놓고 테라스 선베드에 누워 쨍한 햇살을 받으며 광합성을 하며 여유롭게 책을 읽고 있었다. 갑자기 방 쪽에서 부스럭거리는 소리가 났다. 긴 생머리에 170센티미터는 돼 보이는 큰 키에 카리스마 넘치는 눈빛을 가진 사장님이 빨간 고무장갑을 끼고 청소를 하다가 나와 눈이 마주쳤다. 우리는

아름다운 시체스 해변

자연스럽게 수다를 떨기 시작했고, 이내 나와 비슷한 에너지를 가진 사람이라고 느껴져 더 많은 이야기를 나누고 싶어졌다.

"사장 언니, 저 바다 갈 건데 함께 가실래요?"

뭔가가 통하고 끌리는 걸 느낀 우리는 바르셀로나에서 50분 정도 기차를 타고 '시체스'라는 휴양 도시로 향했다. 바르셀로나와 또 다른 느낌의 이 도시는 아기자기한 상점과 골목 곳곳에 예쁜 레스토랑이 숨어 있었다. 구불구불한 골목길이 많아 길을 잃을 수도 있으니 주의해야 한다.

걷다 보면 자연스럽게 해안가의 성당과 멋진 해변을 만나게 된

구불구불한 골목길

다. 해변을 따라 많은 레스토랑과 카페들이 줄줄이 있다. 시체스는 판타스틱 국제영화제로 유명하고, 게이 비치와 누드 비치를 찾는 사람들도 많다. 성당을 기점으로 두 비치로 나누어진다. 바닷가에서 많은 사람들이 햇빛을 쬐며 누워서 맥주를 마시고 있었다. 돗자리랑 수영복을 챙겨오지 않을 걸 후회하며 부러운 눈으로 바라봤다. 우리는 해변가에 있는 루프탑 카페에 들어갔는데, 나는 우와~ 소리를 남발하며 사진을 찍어댔다. 배 모양으로 생긴, 바다에 떠 있는 느낌을 주는 이 카페에는 선베드가 곳곳에 놓여 있었다. 이곳에 누워 바다를 바라볼 수 있다. 수영복 차림으로 일광욕을 하고 있는 사람들의 모습이 마치 영화 속 한 장면 같았다.

에라 모르겠다!

우리는 상그리아와 화이트와인을 마시며 서로에 대한 이야기를 나누었다. 비슷한 점이 참 많았다. 사장 언니는 에너지가 넘치고 밝은 나를 보니 한국이 그립다고 이야기했다. 나를 펠리스 카페에서 만났더라면 조금 지치고 초췌한 모습이었을 수도 있는데, 이렇게 좋은 곳에서 만났기에 활력이 넘쳐 보였던 것 같다.

그녀는 바르셀로나에서 민박집을 운영한 지 3년가량 되었고, 외국 생활을 오래 해서 그런지 한국이 그립다며 한국에 돌아오면 커피숍을 해보고 싶다고 말했다. 반대로 나는 한국 생활이 지겨워 외국에서 에어비앤비나 민박집을 하며 살아보고 싶다고 이야기했다. 우리는 서로 가지지 못한 것에 대해 부러워하고 있었다. 내가 가진 것의 소중함을 잠깐 잊고 있었을 것이다.

"한 직장에서 같은 일을 반복하며 사는 건 정말 지루하고 재미없는 일인 것 같아요."

"요즘은 한 직장에 몇 년씩 다니는 사람이 별로 없는 듯해요. 이

직을 하거나 다른 일을 하거나 새로운 변화를 꿈꾸지 않을까요?"

"직장을 바꾸어 살거나 외국에서 현지인처럼 사는 삶은 어떨까요?"

"이런 게 가능할까요? 불가능할까요?"

이런 얘길 하다가 에라 모르겠다 싶어 내가 먼저 말을 내뱉어 버렸다.

"우리가 먼저 해볼까요? 서로 두 달간 일터 바꿔 살아볼까요?"

둘 다 해보고 싶었던 일이고, 경험을 쌓고 또 다른 일을 배운다는 자세라면 직업을 바꿔 살 수 있을 것 같다는 생각이 들었다. 서로의 비수기 때라면 사업에 지장도 별로 없을 것 같았다. 우리는 그날 그렇게 하자고 약속했다. 출장을 마치고 한국으로 돌아오는 비행기 안에서 어찌나 기분이 좋은지 그렇게 즐거운 귀국길은 처음이었다.

한국으로 돌아온 뒤, 앞으로 새로운 걸 도전해본다는 생각에 의욕이 넘쳤다. 덩달아 나의 일이 재밌어졌다. 6개월 뒤면 내가 좋아하는 장소, 바르셀로나에서 그토록 해보고 싶었던 민박집 운영을 하게 된다고 생각하니 가슴이 뛰었다. 어느덧 시간은 빠르게 흘러 드디어 바르셀로나로 떠나는 날이 왔다. 2018년 11월 11일~2019년 1월 10일 딱 두 달간. '다들 불가능한 일이라고 말하는 그 일, 내가 처음으로 해보지 뭐!' 새로운 일에 대한 걱정 반 즐거움 반으로 두근두근 설레는 마음을 안고 바르셀로나로 떠났다.

PART 3

스스로에게 당당하자

사장도 아닌데
뭘 그렇게 열심히 해?

민박집 운영 예행 연습

눈을 뜨면 내가 사랑하는 도시 바르셀로나라는 생각에 하루하루가 설레고, 새로운 일을 배울 생각에 의욕이 넘치고 들떴다. 오늘은 민박집 조식 메뉴 중 하나인 오징어제육볶음을 사장 언니에게 배워서 만들어 먹어보기로 했다. 슬라이스한 오징어를 볶고, 먹기 좋은 크기로 자른 돼지고기도 같이 볶은 후 고추장이 들어간 비법 양념장으로 맛을 냈다.

일단 비주얼은 합격. 오징어제육볶음 사진을 예쁘게 찍고 인스타그램에 업로드했다. 먹기 좋은 음식은 역시 맛도 좋았다. 소스도 남기지 않고 밥에 싹싹 비벼 먹었다.

설거지하기 전 민박집 야외 테라스에 앉아 갓 내린 향긋한 커피를 파란 꽃잔에 담아 사랑이 넘치는 사과 모양의 케이크와 먹

까사요니 민박집 야외 테라스

으며 여유를 부렸다. 커피를 마시며 아래를 내려다보니 거리를 오가는 사람들과 그렇게 커 보이던 차들이 장난감 같아 보였다. 뭐가 그리 바쁜지 다들 열심히 분주하게 움직인다. 문득 나는 바르셀로나에서 가장 뷰 좋은 루프탑 카페에 앉아 세상에서 가장 팔자 좋은 사람이 되어 있었다.

달콤한 여유를 깨는 경적 소리. "진실아, 이제 설거지하고 청소하자!" 아참 나도 할 게 많이 있었다. 오늘은 대청소하는 날이다. 내일이면 드디어 첫 손님을 맞아야 하기 때문이다. 오늘은 바쁜 하루를 보내게 되었다.

심장이 두근두근! 잘할 수 있을까?

손님에게 키 보증금 받기, 민박집 룰과 조식 시간 등 운영에 관한 기초적인 것을 배웠다. 그리고 여러 가지 투어, 맛집, 가우디, 바르셀로나 역사 등 손님들이 궁금해하는 것을 알려주기 위해 사장 언니가 준비해둔 책자를 보고 공부를 시작했다. 6개월 전 출장으로 바르셀로나에 왔을 때 이곳에서 정보도 많이 얻고 정말 편안하게 지내다 갔는데, 알고 보니 사장 언니의 노력과 노하우 덕분이었다는 걸 깨달았다.

쉬워 보였던 일이, 막상 해보니 신경 써야 할 게 한두 개가 아니고 공부해야 할 것도 많았다. 체크인 체크아웃할 때의 상황극을 하면서 일을 배우니 더 쉽고 재미도 있었다.

수건들과 이불들을 모두 세탁기에 돌려야 하는데 양이 꽤 많아 두 번이나 돌렸다. 한 번에 많은 빨래를 빨래 건조대에 널려고 하니 자리가 부족했지만, 양 많은 빨래 한 번에 너는 법을 배우고 노하우를 전수받았다. 정리의 기술을 하나씩 습득하며 일의 능률을 올리는 법을 알아갔다.

시간이 꽤 걸렸지만, 갈수록 손이 빨라질 거라 믿었다. 바르셀로나의 햇볕은 매우 강력하다. 민박집은 높은 층이기도 했고 채광도 좋아 빨래 널기에 최고의 환경이었다. 낮 시간에 이불을 널어놓으면 빨래가 금세 빳빳하게 건조되었다. 집에서 광이 나기 시작하고 상쾌해지니 근무 능률도 올라가고 기분도 좋아졌다. 마지막으로 수건과 빨래를 깔끔하게 개어 손님 방에 비치해놓았다.

준비 완료! 심장이 두근두근 방망이질하기 시작했다. 이제 손님만 오면 된다!!

장 보고 청소하고 음식 만들고

사장 언니와 함께 민박집의 메인이 될 조식을 만들 재료를 사러 가기로 했다. 숙소에서 걸어서 15분 거리에 위치한 메르카도나(Mercadona, 스페인의 대표적인 마트 체인이다)로 향했다.

사장 언니는 빨강색과 파랑색의 멋진 쇼핑 카트가 두 개나 있다. 우리는 카트를 하나씩 끌고 마트로 향했다. 한국에서는 차를 타고 장을 보러 다녀서 그런지 처음에는 쇼핑 카트의 바퀴 소리가 거슬리고, 이런 건 할머니들이 끄는 게 아닌가 하며 적응을 못했다. 그런데 거리로 나오니 우리뿐 아니라 모두가 이런 카트를 끌고 마트로 향하고 있었다. 재밌는 광경이었다. 누구 카트가 제일 이쁘나 내기라도 하는 것만 같았다. 당연히 우리 카트가 최고였다.

마트에 도착했다. 정말 컸다. 식자재들이 엄청났다. 고기 코너로 갔는데 어찌 된 것인가? 소고기가 이렇게 싸다니! 돼지고기, 닭, 소시지, 햄 등 육류들이 정말 저렴했다. 해산물들은 가격이 조금 나간다. 필요한 고기들을 산 뒤 채소 코너에 가서 그램당 채소 가격 보는 법, 좋은 채소 구별하는 법을 배웠다. 세제와 샴푸, 린스 등 민박집에서 필요한 생필품들을 사고 나니 어느새 카트가

쇼핑 카트 끌고 마트로!

꽉 찼다. 왜 카트를 끌고 오는지 이내 이해가 되었다. 무겁고 양도 많아 장바구니로는 감당이 안 되는 재료들이 많았다.

장을 보다 보니 목이 말랐다. 오렌지주스 기계가 보였고, 기계 옆에는 크기별로 페트병들이 진열되어 있었다. 오렌지주스를 페트병에 담으면 100프로 리얼 오렌지주스를 맛볼 수 있다. 가격도 얼마 하지 않고 정말 착하다. 스페인의 과자 코너에서 칠리맛 나는 견과류도 하나 담았다. 밀카 초콜릿와플은 나의 인생 과자가 되었다. 정말 맛있었다! 카트 2개를 가득 채웠는데도 5만 원이 채 나오지 않았다. 이런 식자재들이 물 건너 한국에 오면 흔하지 않으니 비싸지구나를 느꼈다.

민박집으로 돌아가 냉장고 안에 든 모든 것을 다 꺼내 빡빡 깨끗이 닦은 다음 깨끗해진 냉장고에 싱싱한 새 식자재를 넣었다. 그리고 신선한 돼지고기로 곧바로 조식 메뉴를 하나 만들어 먹었다. 조식 메인은 한국인들이 정말 좋아하는 닭볶음탕, 오징어볶음, 제육볶음, 소불고기, 닭찜이다. 한식이 그리운 여행객들에게 정말 황금 같은 식단이다. 호텔조리과 출신인 나에게 조식 메뉴는 한식 실기시험 메뉴들이다. 문제없지!(No hay problema) 식은 죽 먹기다.

성공적인 조식을 마치고 바르셀로나에서 두 달간 사용할 유심칩을 사러 갔다. 한 달에 4.5G를 쓸 수 있는 10유로짜리를 샀다. 민박집으로 돌아갈 줄 알았는데 사장 언니와 또다시 장을 보러 갔다. 샐러드에 들어가는 믹스 채소나 당근, 호박, 치즈는 신선해야 하므로 민박집 앞 마트에서 필요할 때마다 사야 한다고 알려주었다. 그곳에서 다음날 식탁에 올릴 샐러드용 채소와 치즈, 스페인 맥주 에스트렐라와 안주를 사서 돌아왔다.

민박집 정리를 끝내고 테라스에 앉았다. 민박집 야외 테라스에서 오늘 하루 수고했다고 마무리하며 마시는 맥주 한 잔은 정말 끝내주었다. 사장 언니가 '푸엣(Fuet)'이라는 스페인식 소시지를 안주로 내왔다. 푸엣은 초리소와 비슷한데 겉이 흰색을 띠고 있다. 돼지앞다리와 삼겹살로 만든다. 짭조름하고 오징어처럼 씹기 좋아 맥주랑은 최고의 궁합이다.

맥주를 마시며 우리는, 직업을 바꿔 사는 두 달 동안 서로를 믿고 진짜 사장님처럼 책임감을 갖고 최선을 다해 일하자며 떨리는 감정을 나눴다.

민박집 야외 테라스에서 바라보는 거리의 화려한 조명과 건물 불빛이 정말 아름다웠다. 건물들 위에 펼쳐진 어두운 밤하늘에는 별들이 선명하게 반짝거렸다. 미세먼지와 빛 공해가 가득한 우리나라 도심에서는 보기 힘든 광경이었다. 어찌나 신기하고 멋지던지 한참을 쳐다보았다. 내 눈도 두 달간의 바르셀로나 생활에 대한 기대감으로 하늘에 반짝이는 별처럼 반짝반짝 빛났을 것이다.

몸값 올리기 준비 완료!

비행기를 타고 다른 세상으로 넘어오니 한국 물건의 가치가 올라 있었다. 우리나라 호텔에 가면 늘 무료로 주던 녹차 티백도 생각보다 비싸 녹차 티백 대신 저렴한 꿀 국화차를 샀다. 한식을 만드는 데 필수적인 고추장, 된장, 쌈장 같은 것들도 이곳에서는 꽤 가격이 나간다. 이런 것들을 비싼 가격에 사서 그날 만든 제육볶음이 그렇게 맛있었나 보다.

한국에서는 별생각 없이 샀던 것들을 이곳에서는 한 번 더 생각하고 사게 된다. 평범하고 익숙했던 물건들이 소중하고 가치 있는 것들로 변한 것이다. 나도 한국이 아닌 다른 나라에 왔으니 멋진 경험을 쌓아 내 몸값을 올려보기로 했다.

《부자 아빠 가난한 아빠》에 매우 공감되는 문구가 있었다.

"만약 새로운 뭔가를 배우고 싶은 마음이 없고 기존 분야에서 고도의 전문화를 이루는 게 당신의 목표라면 반드시 노조가 구성된 조직에 들어가서 일하라. 한 분야에서만 쌓은 전문성은 거기서 쫓겨나는 경우 아무짝에도 쓸모없게 될 수 있다."

두 달간 일터를 바꿔 살면서 많은 질문을 받았다.

"왜 이리 열심히 일해?"

"사장님도 없으니 쉬엄쉬엄 해!"

"열심히 일해도 사장님은 몰라줄 거야."

바르셀로나에서 일하면서 얼마를 버냐고 묻는 사람들도 있었다. 나는 돈을 받고 일한 건 아니다. 하지만 나는 두 달 동안 다음 일곱 가지를 얻을 것이라 생각했다.

1. 내겐 새로운 일인 민박집 시스템을 배운다.
2. 꿈에 그리던 외국에서 현지인 생활을 하게 된다.
3. 외국인 친구들을 만들고 스페인어를 배울 수 있다.
4. 미식의 나라 스페인의 식문화를 경험할 수 있다.
5. 스페인의 문화와 역사를 배운다.
6. 카페가 아닌 민박집에서 다양한 분야의 손님들을 알아갈 수 있다.
7. 휴가를 받으면 가까운 나라에 놀러 갈 수 있다.

포르투 도우루 강변

이것이야말로 돈으로 바꿀 수 없는 최고의 자산과 경험이 아닌가. 나는 민박집 운영하는 데 그치지 않고 다양한 경험을 통해 성장했다. 내겐 최고의 기회였다.

현지인처럼
아침 먹고 점심 먹고

스페인식 아침 식사

"진실아, 바르셀로나식 아침 한번 맛볼래?"

장을 보러 가는 길에 민박집 근처에 있는 와카 바르셀로나(Wakka Barcelona)에 아침을 먹으러 갔다. 스페인식 아침은 여러 종류가 있는데, 대부분 간단하게 크루아상이나 샌드위치, 커피나 오렌지주스와 함께 먹는다. 궁금해서 두 가지 메뉴를 시켜 보았다.

- Café + Naranja + Cruasan (커피 + 오렌지주스 + 크루아상)
- Bikini + Naranja (비키니 샌드위치 + 오렌지주스)

비키니 샌드위치. 이름이 웃기지 않은가? 재밌기도 하고 궁금하기도 해서 주문했다. 그런데 예상과 달리 평범한 비주얼의 샌

스페인식 아침 식사 / 끝없이 늘어나는 치즈에 놀라 토끼눈이 되다

드위치가 나왔다. 햄과 모차렐라 치즈가 듬뿍 들어 있는, 그릴에 구운 샌드위치였다. 기대 없이 한입 베었는데 엄청나게 많은 양의 치즈가 끝없이 늘어났다. 어쩔 줄 몰라 하며 눈이 휘둥그래지니 사장 언니가 웃겨 죽겠다는 듯 사진을 찍었다. 비키니 샌드위치는 비주얼이 다가 아니었다. 정말 맛있었다!

함께 나온 카페콘레체(Café con Leche, 커피+우유) 양도 엄청났다. 카페콘레체는 흔히 카페라테로 알려져 있다. 하지만 맛은 정말 내 스타일이 아니었다. 아메리카노에 우유를 살짝 떨어뜨린 맛이다. 그래서 애꿎은 크루아상을 커피에 찍어 먹었다. 다행히 함께 나온 오렌지주스는 입에 맞았다.

밥과 반찬이 나오는 우리나라 아침 식사와는 너무나 다른, 간단하고 편리한 바르셀로나에서의 첫 스페인식 아침 식사는 매우 성공적이었다. 다만 그날 카페콘레체에 너무 실망해 이 집만 그런가 싶어 다른 카페도 가봤지만 비슷했다. 내가 아는 카페라테 맛이 아니었다. 고정관념을 버려야 함을 깨달았다. 내가 알던 음식의 맛이 내가 생각했던 맛이 아닐 수도 있다.

그래도 못내 아쉬워 비슷한 커피를 찾아보려고 다양한 커피를 주문하다가 드디어 발견했다. 우리나라의 카페라테와 비슷한 스페인식 커피를 마시고 싶다면 카페코르타도(Café Cortado)를 주문해보자. 에스프레소 잔에 나오는데, 카페라테 맛과 거의 비슷하다. 에스프레소 샷과 우유가 1대 1 비율이다.

스페인식 점심 식사

다음 날 사장 언니가 아침부터 또 행복한 말을 꺼냈다.

"오늘은 바르셀로나의 점심 문화를 한번 살펴볼까?"

나는 다른 나라의 식문화를 알아가는 것을 매우 좋아한다. 스페인 점심시간에는 레스토랑 입구에서 이런 단어를 쉽게 볼 수 있다. 메뉴델디아(Menu Del Dia). 해석해본다면 '오늘의 메뉴'라는 뜻이다. 10~15유로라는 저렴한 가격에 코스 요리처럼 푸짐하게 먹을 수 있다. 애피타이저, 메인디시, 디저트 또는 커피를 선택해서 먹는다. 빵과 음료가 포함되기도 하고 추가해야 되는 경우도 있으니 주문 전에 확인해봐야 한다. 주로 평일 점심에만 판다. 심지어 미슐랭 식당에도 메뉴델디아가 있다!

샐러드&소고기 스테이크, 생선구이, 푸딩

우리는 더 소파 보바(The Sopa Boba)라는 레스토랑에 가 두 가지 메뉴를 주문했다. 애피타이저로 파스타 면이 들어간 하얀 탕과 토마토가 들어간 오믈렛이 나왔다. 오믈렛은 완전 달달하고 탕은 조금 짰다. 소금을 조금 덜 넣어달라 할걸 후회했다! 메인으로 나온 스테이크는 고기 위에 소스와 채소가 듬뿍 올려져 있었다. 생선구이는 소스, 밥과 함께 나왔다. 윗면은 바삭하고 속은 촉촉한 게 밥과 함께 먹으니 우리나라 생선구이를 먹는 느낌이었다. 깔끔하고 담백한 식사였다. 미식의 나라 스페인이기에 어떤 음식을 시키든 대개 먹을 만하다. 주의할 점이 있다면 짠 게 문제다. 주문할 때 '소금 조금만 넣어주세요(Poca sal porfavor!)'를 외쳐보자.

디저트로는 푸딩과 과일이 나왔다. 분명 내 눈에는 카스텔라처럼 보이는데, 푸딩이란다. 정말 나의 푸딩 세계를 바꿔준 메뉴다. 우유에 퐁당 빠진 카스텔라 맛이 난다. 촉촉해서 정말 맛있다. 이 메뉴에 영감을 받아 펠리스 카페에는 촉촉한 초콜릿에 퐁당 빠진

초코케이크가 탄생했다.

맛있는 음식을 먹고 소화도 시킬 겸 집까지 천천히 걸어갔다. 바르셀로나의 11월 날씨는 덥지도 춥지도 않은, 정말 최고의 날씨다. 문득 '나는 지금 왜 여기에 와 있지? 바르셀로나에 오게 된 건 원래 내 삶의 한 페이지에 있었던 것인가?' 하는 의문이 들었다. '이렇게 살아야 잘사는 거야, 저렇게 살아야 잘사는 거야' 하는 다른 사람들 말은 참고만 하자. 깨끗한 나의 인생 스케치북에 멋진 그림을 그려나가는 건 나의 몫일 테다.

나는 지금 아주 잘살고 있다고 스스로에게 말해주고 싶다. 그리고 알 수 없는 재미있는 두근두근한 내 인생이 펼쳐질 거라 믿는다. 그리고 이곳에서 두 달간 생활하며 의문에 대한 해답을 분명 찾게 될 것이라 확신했다.

미슐랭 민박집 도전하기

호프만 레스토랑 벤치마킹

"사장님, 미슐랭 민박이 되기 위해서는 저희도 미슐랭 스타 한 번 가야 하지 않을까요?"

바르셀로나에는 30개 이상의 미슐랭 레스토랑이 있다. 미슐랭 스타인 호프만 레스토랑에 예약한 뒤, 처음 가는 미슐랭 식당인 만큼 오랜만에 차려입고 호프만 레스토랑으로 향했다.

우리는 코스 1, 2와 까바 와인을 주문했다. 매장에는 재즈가 흘러나오고, 눈앞의 오픈 키친에서는 셰프들이 카리스마를 장착한 눈빛과 현란한 칼놀림으로 멋진 불 쇼를 펼쳤다. 작은 키친 안에 많은 셰프들이 있다. 보는 재미에 즐거웠지만, 문득 저 키친 안은 정말 살벌하고 덥고 지옥일 수 있겠다는 생각이 들었다. 와인을 한 잔 마시다 보니 애피타이저가 나왔다. 작은 또띠아롤이 예쁜 모양의 돌에 꽂혀 나왔다. 안에는 고구마 샐러드가 들어 있는데 입에서 살살 녹았다.

식전 빵들의 버터 색감과 모양이 정말 예술이었다. 세계적인 명성을 갖고 있는 호프만 요리학교는 원래 제빵으로 유명하다. 그 학교를 나온 졸업생들이 운영하는 빵집이 피카소 미술관 옆쪽에 있는 '호프만 베이커리'다. 특히 크루아상이 유명한데, 그중 마스카포네 크루아상은 세계인을 줄 서게 만드는 빵이다. 그래서 그런지 이곳 식전 빵은 쫄깃하고 담백하면서도 정말로 맛있었다!

감탄하고 있으니 더 환상적인 메인요리인 랍스터가 나왔다. 랍스터 내장 소스가 따옴표로 멋지게 플레이팅되어 있었고, 랍스터 위에 빵과 소스가 얹혀 있었다. 눈으로 먼저 감탄하고 있는데 이내 맛있는 랍스터 향이 코로 들어왔다. 내 몸에 엔돌핀이 돌았다.

그다음으로 까르보나라가 나왔다. 내가 먹은 유럽의 까르보나라는 소스가 많이 없다. 한국식 까르보나라만 소스가 많은 것 같다. 까르보나라 위에 통베이컨이 올라와 있었다. 베이컨과 파스타를 함께 먹는데, '이게 진정한 까르보나라구나' 하는 느끼한 맛이 강력했다.

세 번째 요리로 오징어&콩 요리를 먹는데 바다의 맛이 난달까 음식의 특성 하나하나를 다 살려서 재료의 깊은 맛을 느낄 수 있었다. 그리고 갈비 스테이크는 노란색 고구마 소스로 멋지게 플레이팅되어 있었다. 눈으로 먹고 입으로 먹으며 음식에 대해 이야기꽃을 피웠다.

어느덧 후식 타임이 되었다. 맛보다 엄청난 양에 더 놀랐다. 빵에 커피가 스며들어 있었고 그 위에 마스카포네 크림치즈가 올라와 있었다. 커피 아이스크림이 함께 나온 티라미수도 있었다. 이게 끝인 줄 알았는데 페이스트리 위에 딸기 크림, 딸기 소르베 아이스크림, 딸기가 올려진 디저트가 나왔다. 상큼한 맛이었다. 이제 정말 끝이구나라고 생각했더니 또 다른 디저트가 나왔다. 녹차 푸딩과 딸기 크림의 작은 핑거 디저트가 나왔다. 그렇게 마지막 디저트를 한입에 쏘옥 넣었다.

행복한 여행의 시작은 밥!

2시간 동안 미슐랭 음식을 코스별로 맛보았다. 하나씩 먹고 포크가 내려져 있을 때마다 다음 코스 음식이 나와서 따뜻한 음식을 바로바로 즐길 수 있었다. 왜 한 번쯤 미슐랭 레스토랑에 가서 근사한 식사를 하는지 이제는 알 것 같다.

미슐랭 레스토랑에서 맛있게 먹고 행복하고 즐거운 기분을 느낀 것처럼, 까사요니 민박집을 찾는 사람들도 내가 만든 조식을 먹고 행복한 기분으로 여행을 시작할 수 있게 만들어주고 싶다는 생각이 들었다.

인수인계 완료
첫 근무 시작

인생 맛조개를 만나다

아침부터 짐 싼다고 분주한 까사요니 민박집 사장님. 떠나기 전 우리는 마지막 만찬을 즐기기 위해 민박집에서 걸어서 3분 거리에 있는 바르셀로나 맛집 비니투스(Vinitus)를 찾았다. 한 예능에서 권혁수가 이곳에서 꿀대구를 먹다가 너무 맛있어서 눈물을 흘렸다고 한다. 인기가 좋은 레스토랑은 항상 만석이다. 운이 좋았는지 잠깐 기다리다 바로 착석했다!

우리는 꿀대구(Bacalao All I Oli Mel), 맛조개(Navajas), 스페인식 전통 토마토빵(Pan con Tomate)을 주문했다. 권혁수가 꿀대구를 먹고 울 만한 이유가 있었다! 그리고 맛조개를 토마토빵 위에 올리고 그 위에 소스를 뿌리면 인생 맛조개가 된다.

토마토빵과 꿀대구, 그리고 인생 맛조개

손님이 어떻게 내 이름을 알고 있지?

바르셀로나에 온 지 5일 만에 민박집 인수인계를 마쳤다. 나는 설렘과 긴장감을 안고 홀로 첫 손님을 맞았다. 마른 체격에 커트 머리의 세련된 도시 여자 분위기가 물씬 풍기는 모녀가 들어왔다. 민박집에 가족이 오는 건 드문데 모녀가 함께 와서 신기했다. 디자인을 전공하며 미소가 예쁜 딸, 조용할 것 같은데 유머감각이 넘치는 유쾌하신 어머니. 그녀들의 첫인상은 정말 우아했다.

체크인을 하는데 딸이 대뜸 내게 선물을 주었다. 나는 사장이 아니라고 말했지만 내 선물이 맞단다. 이게 무슨 일인지 의아했지만 일단 감사히 받았다. 체크인을 도와주고, 몇 가지 안내 사항과 맛집, 관광지를 소개해준 다음 집 열쇠를 건네줬다. 잠깐 내 방으로 들어와 선물을 열어보니 열쇠고리와 손편지가 있었다. 손편지에는 정확히 '펠리스 카페 사장님'이라고 적혀 있었다. 내 선물이 맞았다!

민박집 손님이 내게 준 사랑의 열쇠고리와 하리보 선물

알고 보니 그녀는 나와 인스타 친구였다. 여행 일정이 나랑 비슷해 이곳에 예약하면서 선물을 준비했다고 한다. 너무 신기하고 감동적이었다. 민박집 운영 첫날부터 좋은 손님을 받아 다행이었다.

사장 언니는 그날 저녁 "지금부터는 네가 이곳 사장이야. 네가 운영하는 민박집이니까 잘 부탁해"라는 말을 남기고 한국으로 떠났다. 사장 언니가 떠난 뒤 드디어 혼자가 되었다. 첫 손님의 선물은 나의 긴장감을 녹여주고 기분을 들뜨게 만들어 춤까지 추게 했다. 나도 그녀들을 기분 좋게 만들어주고 싶어 다음날 어떤 맛있는 조식을 내놓을까 고민하며 부엌에서 재료를 살펴보았다.

그렇게 나의 첫 근무가 시작되었다.

공포스러웠던 하루는 그렇게 해피엔딩으로

손님이 병원에 실려가다

민박집을 시작한 지 이틀째 밤, 잠이 들려고 하는데 보이스톡이 걸려왔다.

"어머니가 쓰러지셔서 앰뷸런스로 병원에 실려가고 있어요. 어떡해야 하나요?"

전날 투숙한 손님이 긴박한 목소리로 연락을 해왔다. 목소리가 떨리더니 이내 흐느끼는 소리가 들렸다. 머리가 순간 멍해졌다. 점점 손이 떨리고 두려워지기 시작했다. 나는 아직 스페인어 수준도 초급이었고, 바르셀로나에 아는 사람도 없었다. 일단 손님을 진정시켰다.

"어느 병원이신가요? 병원에 영어 할 줄 아는 분이 계실 거예요. 그곳에서 도움을 청하시고, 어머니가 치료를 받으면 모든 영수증을 받아오세요. 그래야 보험 처리를 할 수 있어요."

내가 해줄 수 있는 건 이런 말들뿐이었다. 한국에 있는 사장 언니에게 연락하고 싶었지만, 한국은 새벽 시간이었다. 어떻게 돼가고 있는지 걱정이 되어 잠도 못 자고 하염없이 기다렸다. 새벽 2시쯤 모녀분이 돌아왔다. 나는 손님의 심신 안정을 위해 비어 있는 독실을 마련해주었지만, 어머니는 딸과 함께 있고 싶다며 원래 사용하던 4인실 방으로 들어갔다.

잠을 설치다 보니 어느새 날이 밝았다. 다음날 아침 조식을 만들고 있으니 모녀분이 다가와 전날 밤늦게 걱정을 끼쳐 미안하다고 했다. 제대로 도와주지 못해 내가 죄송하다고 했더니 말이 통하지 않는 타지에서 자신의 이야기를 들어줘서 마음의 안정을 취할 수 있었다며 오히려 너무 고마웠다고 했다. 손님의 괜찮은 모습을 보니, 공포스러웠던 하루가 그렇게 해피엔딩으로 끝이 났다. 그날 조식은 특식으로 마련해드렸다.

야밤의 잠옷 마라톤

나는 새벽 6시 일어난다. 일찍 일어나는 대신 밤 10시만 되면 자는 게 습관이다. 그런데 새벽에 체크인하는 손님이 있는 날은 잠과의 고통스러운 싸움이 시작된다. 민박집을 운영한 지 3일째 되는 날 밤 12시에 체크인하는 손님이 있어 꾸벅꾸벅 졸면서 기다리고 있었다.

12시가 조금 넘으니 "방금 전에 공항에 도착해 이제 야간 버스를 타고 갑니다. 와이파이가 없으면 카톡이 되지 않으니 얼른 가겠습니다"라는 카톡이 왔다. 기다리다 보니 새벽 1시가 넘었다. 그녀는 집 앞이라는 카톡을 남기고 연락이 두절되었다!

처음에는 곧 벨이 울리겠지 했는데 점점 걱정이 되기 시작했다. 1층으로 내려가 그녀를 기다렸다 올라갔다를 반복하다가 안 되겠다 싶어 찾아나서기로 결심했다. 새벽 1시에, 아직 길도 익숙하지 않은 쌀쌀한 숙소 근처 골목을 스페인에서 유명한 새로 산 오이쇼 핑크색 잠옷을 입은 채, 그녀의 이름을 부르며 20분 넘게 뛰어다녔다.

그러다 숙소로 돌아왔는데 잠시 후 카톡이 왔다. 이제 도착했다고! 구글에 주소를 잘못 찍어서 아예 다른 곳에 있었단다. 안도의 한숨이 나왔다. 손님이 아무 일 없이 잘 찾아와줘서 너무 감사했다.

나는 겁이 정말 많다. 그동안 해외여행을 하면서 한 번도 소매치기, 강도, 나쁜 일을 당하지 않은 비결이 뭐냐고 물어본다면 당당히 말해줄 수 있다. 항상 큰길로 다니며, 해가 지면 숙소로 돌아가면 된다. 가끔 숙소 주인들은 항상 일찍 들어오는 꽉 막힌 아시안 여행객인 내가 안타까운지 나의 가이드가 되어주기도 했다. 보호자가 없으면 절대로 나가지 않는 나는 화려하고 뜨거운 밤 문화보다는, 해뜨기 직전 조깅하다 마주하는 일출의 붉은 태양을 볼 때의 두근거림이 더 좋다.

바르셀로네타 해변에서 조깅하다 마주한 일출

길을 다 외우지 못한 낯선 장소에서, 그것도 새벽에 오로지 손님을 찾아야 한다는 오기 하나로 바르셀로나 골목을 뛰어다닌 것은 내 생에 가장 용기 있는 행동이었다. 그때를 생각하니 아찔하기도 하다. 하지만 새로 산 오이쇼 핑크색 잠옷을 자랑할 데가 없었는데, 야밤의 패션 마라톤, 그걸로 됐다.

몸치들의
댄스 파티

타인의 모습에서 예전의 나를 발견하다

해외여행을 하면서 내가 좋아하는 것 한 가지를 찾아냈다. 혼자 재즈바에 가서 와인을 한 잔 마시며 알딸딸한 기분으로 라이브 뮤직을 보는 것이다. 음악에 취해 리듬에 몸을 맡긴 뮤지션을 보고 있으면 표정, 몸짓, 그들의 소울이 느껴진다. 그러고는 그들의 음악에 취해 덩달아 흥에 겨워 몸을 들썩이고 있는 나를 발견한다. 몸치라 남들 앞에서 춤을 절대 추지 않는데, 이런 곳에서는 나의 진정한 리듬과 소울이 나오나 보다. 한번 재미에 빠지자 그 후로 어딜 가든 로컬 재즈바에 들른다.

오늘은 사장 언니가 떠나고 첫 손님으로 받은 모녀분과 함께 가끔씩 들르는 재즈바에 가기로 했다. 이곳 웨이터들은 젊은 친구부터 아버지뻘 되는 나이 지긋한 아저씨까지 아주 다양하다.

라이브 재즈 밴드

나이에 상관없이 어찌나 신나게 일하는지 보고 있으면 나까지 덩달아 기분이 좋아진다. 언제부턴가 그들은 나를 알아보고 제일 앞자리를 내어주었다. 친구들을 데려오면 칵테일도 한 잔씩 서비스로 줬다.

목요일이었던 걸로 기억한다. 평일이라 손님이 많지 않았다. 나에게는 이득이다. 보컬 그룹이 라이브 쇼를 시작했다. 나는 와인을 한 모금 들이켰다. 혼자 오다가 손님과 같이 오니 일행이 지루하진 않을까 괜히 신경이 쓰였다. 그런데 보컬이 갑자기 오늘은 사람이 별로 없으니 우리끼리 파티를 즐기자며 모두를 일으켰다. 나도 이런 적은 처음이라 뻘쭘하기도 했지만, 즐길 줄 아는 외국인들은 너도나도 일어나 신나게 춤을 추기 시작했다. 나는 처음엔

쭈뼛쭈뼛 망설이다가 와인을 원샷한 뒤 일어나 막춤을 췄다.

그러다 웬걸 옆을 보니, 함께 간 모녀분이 부끄럽다고 일어나지 않고 있었다. 게다가 어머니는 피곤한지 눈을 감고 있었다. 이곳에서는 안 일어나면 더 이상한 분위기였으므로 나는 두 사람에게 속삭였다. "이곳에는 우리를 아는 사람도 없고, 춤을 잘 추는 사람도 없어요" 하고 두 사람을 일으켰다. 자리에서 일어난 어머니는 나보다 춤을 더 잘 추셨다. 어머니의 춤을 보더니 딸은 더 신나게 춤을 추는 게 아닌가. 우리는 그렇게 음악과 춤과 하나가 되어 뜨거운 밤을 보냈다.

다음 날 아침 모녀 손님이 떠나면서, 딸이 내게 말했다.

"고마워요. 남의 시선에 참 많이 신경 쓰며 살았던 거 같아요."

그 말에 나는 문득 그녀에게서 예전 내 모습을 발견했다. 나도 수줍음을 많이 타고 남의 시선을 많이 의식하며 살았었다. 춤은 물론 노래하는 것도 싫어했다. 지금도 여전히 몸치지만 분위기에 따라 음악에 맞춰 춤도 추고 노래도 부른다.

나에게 가장 관심 많은 사람은 나 자신이다

9개월 뒤 그녀는 나에게 깜짝 소식을 전했다.

"언니가 여행하면서 일도 하고 즐겁게 사는 모습을 보고, 저도 독일 워킹홀리데이 떠나요."

인스타로 그녀의 소식을 보고 있다. 독일에서 일만 하는 게 아니라, 놀러도 다니고 재밌게 살고 있는 그녀의 모습에 정말 뿌듯했다. 그녀의 인스타에 나의 마음을 울린 글이 하나 있었다.

"하지 못해서 후회하는 거, 나는 이제 할머니가 돼도 후회 안 할 것 같아요."

나도 한때는 많은 사람이 살라는 대로, 사람들의 시선을 의식하며 살았다. 사람들은 남들에게 자랑할 수 있는, 남들이 부러워하는 뭔가를 사고 행복해하지만, 그 뒤에는 채워지지 않는 씁쓸함과 비싼 카드 청구서만 남아 있는 경우가 대부분이다.

존경하는 김승호 회장님의 책《알면서도 알지 못하는 것들》에서 정말 기억에 남는 구절이 하나 있다.

> "캘리포니아 하늘의 색깔이나 날씨는 공짜지만 더없이 아름답고 따뜻하다. 캘리포니아에서 가장 값진 것은 공짜이고, 없어도 사는 데 전혀 지장 없는 로데오 거리의 상품은 가장 비싸다. 나는 비행기 요금에 많은 돈을 쓴다.(중략) 이렇게 경험이나 감정은 물질적 만족보다 깊은 행복을 준다."

여행을 할수록 '나'라는 사람을 더 아끼고 사랑하게 되었다. 나를 사랑하게 되니 남들의 말과 시선은 그다지 중요하지 않다. 타인은 생각보다 나에게 관심이 없다. 나에게 가장 관심이 많은 사람은 오로지 나 자신뿐이었다.

스스로에게 당당해야
남들 앞에서 당당해진다

집 밖의 모든 사람이 스페인어 선생님

2014년, 멕시코에서 4개월간 살면서 스페인어 과외를 받으며 스페인어 공부를 했다. 멕시코 대학교 편입을 고민할 정도로 멕시코 생활이 즐거웠다. 하지만 10년이란 세월은 나의 스페인어 실력을 다 뺏아가버렸다. 어렴풋이 기억이 날 뿐이었다.

민박집 손님들은 내게 여러 가지 질문을 했다. 특히 이 단어를 스페인어로 뭐라고 하냐고 묻는 사람이 많았다. 대답을 못하는 경우가 생기면 가슴이 철렁 내려앉았다. 그럴 때면 몰래 구석 자리에서 구글 번역기를 돌렸다. 혼자서 단어를 외우는 것만으로는 스페인어 실력 향상이 너무 더뎠다. 손님들 앞에서 당당해지고 싶었다. 결국 나는 과외를 선택했다.

과외비가 부담스러웠지만 '지금 아니면 언제 스페인에 살면서 스페인어를 배워보겠어? 게다가 밖에 나가면 모두가 나의 대화 상대 아닌가' 싶어 과감하게 스페인어 과외를 질렀다!

나는 손님들이 자주 하는 질문들을 메모해놓고, 과외 선생님에게 물어보곤 했다. 스페인어를 잘하기 위해 엄청나게 열심히 노력했다. 민박집 청소를 하고 나면 항상 방전이 되었다. 이대로는 안 될 것 같아서 건강과 체력을 위해 도보로 35분 걸리는 과외 선생님의 집까지 걸어다녔다. 가는 길에는 예습을, 돌아오는 길에는 그날 배운 걸 말하고 외우며 복습을 했다.

무엇보다 매일매일 다른 골목길로 다녔더니 로컬 시장, 현지인들의 프리마켓, 인테리어 소품 가게, 로컬 맛집 등 다양한 장소를 보게 되었다. 그 덕분에 관광지는 물론 관광지가 아닌 곳까지 길을 다 익힐 수 있었다. 스페인어 과외 받으러 가는 길에 만나는 사그라다 파밀리아는 매일 봐도 멋졌다!

손님들이 가끔 시내 가이드를 해달라고 할 때면 열심히 공부한 스페인어를 마구마구 써먹었다. 손님들을 대하는 나의 태도는 점점 자신감 있고 당당해졌다. 어느새 손님들은 아무렇지 않게 나를 '사장님'이라고 부르기 시작했다. 두 달간 직업을 바꾸어 살아보니 내가 나에게 당당해야 남들 앞에서 당당해지는 걸 알게 되었다.

누구나 과정은 힘들다

내가 존경하는 유명한 사람들, 그들은 나보다 훨씬 더 열심히 살고 매일 공부한다. 겉으로 볼 때는 쉽게 얻은 것 같지만, 모든 건 노력의 결과이다. 결과를 부러워하는 사람은 많지만, 그 과정을 궁금해하는 사람들은 몇이나 될까?

사장 언니는 내 옆에서 스페인어를 막힘없이 술술 현지인처럼 말한다. 그런데 놀랍게도 이곳에 처음 왔을 때 스페인어를 한마디도 못했다고 한다. 그녀는 한국에 있을 때 외국계 회사에서 일했는데, 외국인 파트너와 영어로 이메일을 주고받는 도중에 언어 문제로 서로 오해가 생겨 그 파트너가 '바보'라고 말하는 바람에 화가 나서 회사를 그만두고 영어를 배우러 뉴욕으로 갔단다. 영어 공부를 마치고 스페인으로 여행을 왔는데, 스페인과 사랑에 빠지는 바람에 바르셀로나에 민박집을 차렸다고 한다.

이런 멋진 사람과 두 달간 직업을 바꿔 살게 된 건 정말 행운이라는 생각이 들었다. 그녀에겐 좋은 기운이 있다.

스페인 전통요리 빠에야 만들기

손님들은 내게 "바르셀로나 쿠킹 클래스 어때요?"라는 질문을 많이 했다. 여행지에 대한 정보는 아는 대로 얘기해주면 되는데, 쿠킹 클래스는 안 다녀봐서 대답을 제대로 할 수 없었다. 궁금하기도 해서 한번 배워보기로 했다.

4시간 동안 빠에야와 카탈루냐 지역 전통 타파스(Tapas, 식전에 술과 곁들여 먹는 애피타이저. 간식으로 먹거나 한 끼 식사로 여러 개를 먹기도 한다)인

보케리아 시장

에스퀘이사다(Esqueixada)를 만든다. 빠에야에 환장하는 나였기에 너무 기대가 되었다. 셰프와 함께 바르셀로나 전통시장인 보케리아(Boqueria) 시장에서 식재료를 골라 산 다음, 시장의 역사와 식재료에 대한 설명을 들은 뒤 수업을 시작한다.

투어 시간에 맞춰 보케리아 시장으로 향했다. 시장에서 스페인 전통 이베리코 하몬과 만체고치즈에 대한 유래를 듣고, 바르셀로나 제철 채소와 스페인 대표 요리 재료인 바칼라우(염장 대구)를 샀다. 스페인 여행 선물로 많이들 사 가는 이비자 소금(이바자 섬에서 생산되는 프리미엄 천일염)과 비싼 사프론도 구경했다. 사프론은 빠에야에 반드시 들어가는 필수 향신료이다.

장을 본 후 쿠킹 클래스 장소로 향했다. 재료를 준비하면서 셰프가 입맛을 자극하는 베르무트(Vermouth)를 줬는데, 달달하니 완전 내 스타일이었다(베르무트는 식전주인데 15도로 은근 도수가 높다). 만족스러움에 원샷을 해버려서 술을 잘 못 마시는 나의 얼굴은 새빨간 사과가 되었다. 그렇게 알딸딸한 기분 좋은 상태로 음주 요리를 시작했다.

셰프가 설명을 자세히 해주고 만드는 과정도 단순해 초보자도 쉽게 따라 할 수 있다. 만드는 과정 중 셰프가 계속 강조한 빠에야의 생명은 육수였다. 모든 것의 기본 베이스는 참 중요하다. 제일 살이 없고 먹을 게 없는 딱새우가 빠에야의 육수로는 최고의 인기다. 역시 뭐든 자신의 자리가 있는가 보다. 육수를 2시간가량 끓였는데, 이래서 빠에야가 비싸구나 싶었다. 오랜 시간 정성이 듬뿍 들어간 나만의 빠에야가 완성되었다. 빠에야와 함께 먹을 바칼라우가 들어간 에스쾌이사다도 만들었다. 에스쾌이사다는 이곳에서 김치 같은 존재인 듯하다.

4시간가량의 요리가 끝나고 시식 타임이 되었다. 이쁘게 테이

셰프가 알려주는 대로 열심히 만드는 중 / 내가 만든 빠에야

블 세팅을 마치고 둘러앉아 하몬, 만체고치즈, 판 콘 토마테, 에스케이사다 샐러드와 틴토데베라노 와인을 마시며 함께 시식했다. 요리를 가르쳐준 셰프는 한 명이었지만 네 명의 학생들이 만든 빠에야는 맛도 다르고 모양도 달랐다. 자신만의 개성이 넘쳤다. 나는 새우로 하트를 만들어 장식했다.

여유가 생기니 옆이 보이네

수업이 끝난 뒤 셰프는 바르셀로나 맛집, 쇼핑 팁, 호텔 루프탑 바, 카페 등 핫플레이스를 추천해주었다. 그중 한 곳에서 치즈 케이크를 샀다. 민박집으로 돌아오는 길에 걸려 있는 블랙프라이데이 현수막들과 양손 가득 쇼핑백을 든 사람들을 보니 마치 지금

가로등 불빛이 예쁜 저녁 골목길 / 보라색으로 바뀐 까사 바트요

쇼핑을 안 하면 바보가 되고 말 것 같은 기분이었다. 그렇게 오늘 만큼은 나도 사치를 해보자며, 오랜만에 양손 가득 쇼핑백을 들고 숙소로 돌아갔다.

숙소 앞의 까사 바트요 건물 불빛이 보라색으로 바뀌어 있었다. 사실 오늘 바뀌었는지 언제 바뀌었는지는 모르겠지만, 정신없이 지내다가 이제는 옆을 보는 여유가 조금 생겼나 보다. 이곳

생활이 적응되어간다는 말이다. 무엇보다 이제 자신감 있게 손님들이 물어보는 질문에 답해줄 수 있게 되었다. '바르셀로나 오면 쿠킹 클래스 꼭 신청하세요!'

쿠킹 클래스에서 배운 스페인 음식 용어

- 베르무트(Vermouth) : 세계에서 가장 많이 애용되는 식전주
- 에스퀘이사다(Esqueixada) : 카탈루냐 지역의 전통 샐러드
- 틴토데베라노(Tinto de Verano) : 레드와인과 스프라이트 탄산을 혼합하여 만든 여름에 많이 먹는 와인
- 하몬(Jamón) : 돼지 뒷다리의 넓적다리 부분을 통째로 잘라 소금에 절여 숙성하고 건조해서 만든 햄
- 만체고(Manchego) : 양젖을 가열 압착해서 숙성한 치즈
- 판 콘 토마테(Pan con Tomate) : 구운 빵 위에 생마늘과 숙성된 토마토를 문지른 다음 올리브오일과 소금을 뿌려 먹는 카탈루냐 전통 음식
- 추피토(Chupito) : 식사 후에 먹는 작은 잔에 나오는 술

제게 20유로 주신
천사를 찾습니다!

지갑도 없이 식당에

전날 저녁 손님의 지나친 요구와 필터를 거르지 않은 막말 때문에 아침이 상쾌하지 않았다. 내 카페에서 이런 일이 일어났다면 정말 한 소리 했을 것이다. 하지만 까사요니 민박의 실제 주인은 내가 아니고, 그동안 워낙 평이 좋아 내가 맡은 이후에 SNS에 나쁜 글이 올라가는 것도 싫었다. 부족한 내 탓이라 생각하며 정말 열심히 화를 다스리고 참았다.

오늘은 그 무례한 손님들이 체크아웃하는 날이다. 그들은 내가 기분이 나빠 있을 거라고는 상상도 못했을 것이다. 하지만 나는 올라가지 않는 입꼬리를 올리며, 푸짐하고 더 맛있게 열심히 조식을 만들다가 그만 손을 데고 말았다. 식사 후 모두가 나가고 청소를 하는데, 하소연을 할 데도 없고 오랜만에 맥주가 마시고 싶

꼴뚜기 튀김과 비트버그

어졌다.

저녁 시간이 아니라 그런지 한산하고 분위기 좋은 타파타파(TAPA TAPA)라는 타파스집에 들어갔다. 혼자였기 때문에 바 테이블에 앉아 꼴뚜기 튀김과 펠리스 카페에서도 판매하고 있는 독일 맥주 비트버그도 주문했다. 바르셀로나에서 보니 더 반가웠다.

갓 튀겨 김이 모락모락 나는 꼴뚜기 튀김이 등장했다. 한입에 먹기 좋은 크기라 정말 마음에 들었다. 처음 한입을 먹는데, 눈물 나게 맛있었다. 함께 나오는 마요네즈와 마늘향이 나는 오징어먹물 소스가 찰떡 궁합이었다. 6개월 전 출장 왔을 때 바르셀로네타 해변 레스토랑에서 먹은 꼴뚜기 튀김도 맛있었지만, 이곳 꼴뚜기 튀김은 정말 일품이었다.

손님들에게 더 많은 정보를 알려주기 위해 바르셀로나의 역사, 맛집, 관광지에 대한 책을 읽으며 나만의 시간을 즐겼다. 갑자기 우두둑 요란한 소리가 들렸다. 숙소는 가깝지만 비가 많이 와서 우산 없이는 갈 수 없는 상황이었다. 이왕 이렇게 된 거 이 시간을 누리자며 2시간 넘게 그곳에 머물렀다. 비가 그치자 계산을 하려고 지갑을 찾는데 가방 안이 텅 비어 있었다. '누가 지갑을 훔쳐 갔나?' 가방을 자세히 살펴보니 엉뚱한 가방을 가지고 나온 것이었다.

머리가 하얘졌다. 다시 정신을 차려 생각을 했다. '스페인어로 이 상황을 어떻게 설명하지?' '저들이 날 믿어줄까?' '계좌이체는 안 되나?' '음식값만큼 설거지를 해야 하나?' 온갖 생각이 스쳐 지나갔다.

주위를 둘러보니 다행히 한국인 같아 보이는 분이 있었다. 냉큼 달려가서 사정을 이야기하고, "정말 죄송한데, 10유로만 빌려주세요. 숙소가 근처니 잠시만 기다리시면 바로 돌려드리겠습니다"라고 부탁했다. 출장을 온 것 같아 보이는 그분은 "10유로 넘을 것 같은데요?"라며 20유로를 빌려주었다. "꼭 드릴게요!"라고 외치니 계속 괜찮다고 했다. 꼭 기다려달라고 말한 뒤 계산대로 갔다. 느긋한 스페인답게 계산하는 데 어찌나 오래 걸리던지, 계산 후 그분 테이블로 갔는데 자리가 텅 비어 있었다. '화장실에 가셨나?' 출구에서 그분을 계속 기다렸지만 끝내 나타나지 않았다. 직원에게 이 자리 있던 분 못 봤냐고 물어보니 모른다고 하면서 나를 이상하게 쳐다봤다.

내게 잠깐 다녀간 천사

“사람 조심해라!” “누군가가 너에게 이유 없이 갑자기 잘해주면 그건 사기꾼이다!” 카페를 하며 제일 많이 들었던 말이다. 어느 순간 나도 모르게 사람과의 관계를 피곤해하고 의심하고 선을 긋게 되어버렸다.

그런데 꿀꿀했던 그날, 누군가가 잠깐 내게 천사를 보냈나 보다. 아직까지 그때가 생생하다. 신기한 경험을 한 것 같다. 너무 당황해서 감사하다는 말씀도 못 드려서 더 아쉬웠다. 숙소로 돌아오는데 그날 따라 까사 바트요가 유난히 이뻐 보였다. 갑자기 눈물이 흐르기 시작했다. 술을 먹어서인지 속상해서인지…. 확실한 건 오늘 정말 속상했는데, 성함도 아무것도 모르는 따뜻한 그분의 친절과 배려 덕분에 펑펑 울었다.

* 2018년 11월 20일 저녁 7~8시 사이 바르셀로나 타파타파 레스토랑에서 와인색 벙거지 모자를 쓴 제게 20유로를 주신 천사를 찾습니다. 혹시라도 이 책을 보게 되신다면 꼭 연락 주세요. 감사의 인사 전하고 식사를 대접해드리고 싶습니다.

백만 원짜리
레스토랑에서 한 끼

다음번에 어디로 가볼까?

어렸을 때부터 부모님은 남들과는 조금 엉뚱한 생각을 하는 나의 의견을 웃으면서 편견 없이 잘 들어주시곤 했다. 그래서인지 생각하는 것이 있으면 별 두려움 없이 바로 도전하곤 했다. 부모님의 딸 취향 존중이 나의 도전정신을 강하게 만든 듯하다(너무 심해서 문제지만). 아무튼 신기하게도 생각한 것들이 다 이루어졌다. 이것이 바로 이지성 작가님이 《책 꿈꾸는 다락방》에서 말하는 Vivid Dream 법칙이 아닐까 싶다.

"원하는 것을 생생하게 생각하면 이루어진다."

처음 스페인 바르셀로나에서 두 달간 직업을 바꿔 산다고 했을 때 부모님은 걱정과 반대를 많이 하셨다. 한국도 아닌 외국에서 아는 사람 한 명도 없는 곳에서, 여자 혼자 민박집을 운영한다고 하니 그럴 수밖에. 결국 나의 똥꼬집이 부모님을 설득했고, 그렇게 반대를 하시던 부모님은 내가 바르셀로나에 간 지 한 달 후 결혼기념일 여행으로 바르셀로나로 오셨다.

부모님이 바르셀로나에 머무르는 기간은 4일이었다. 부모님께 보여드리고 싶은 것들, 대접하고 싶었던 음식들이 너무 많았다. 바쁘게 움직여야 했다. 하지만 내가 본 한 달을 4일 동안 보여드리는 건 나의 욕심이었고, 부모님은 나와 체력이 다르다는 것을 까먹고 있었다. 내가 보여드리고 싶은 것 5가지 중 2가지만 보여줘도 부모님은 이곳의 모든 것이 처음이었으므로 만족하고 행복해하셨을 것이다. 맛집에서 저녁을 먹고 야경도 보여드리고 싶었지만 부모님은 피곤하다며 숙소에 들어가서 쉬고 싶다고 하셨다. 아버지는 숙소로 돌아와 스페인 음식의 느끼함 때문인지 라면과 김치로 해장을 하셨다.

여행을 하는 도중 숙소에서 계속 쉬자고 해서 내가 짠 여행 코스가 마음에 안 들어서 그러시나 싶어 혼자 생각이 많아졌다. 우울한 기분으로 부모님의 방문을 살짝 열었는데, 세상 행복한 표정으로 숙소가 떠나갈 듯 코를 골며 주무시고 계셨다.

그 모습을 보니 나의 철없던 스무 살이 떠올랐다. 부모님은 내게 아무 상의도 없이 영국행 비행기 표를 끊어놓으셨고, 친구들과 노는 것을 더 좋아하던 나는 어떻게든 비행기 표를 취소하려고 갖가지 핑계를 댔지만 결국 영국으로 떠났다. 하지만 영국에 도착하자마자 영화 속 주인공처럼 생긴 사람들이 길거리에 걸어 다니는 모습을 보며 생각했다. 분명 이곳보다 더 좋은 세계가 많이 있을 것이라고. 신세계를 경험한 그 소녀는 방학 때마다 일 년에 두 번씩 또는 길게는 한 달 여행을 떠났고, 다양한 사람들과 재밌는 여러 나라 문화를 접하면서 성장했다. 그곳에서 새로운 걸 꿈꾸고 도전하며 진정한 나의 모습을 찾아나갔다.

10년이 지난 후 나는 바르셀로나에서 두 달간 민박집을 운영했다. '바르셀로나에서 두 달간 직업 바꿔 살기 프로젝트'. 부모님이 나에게 보여주셨던 신세계를, 10년 후 바르셀로나에서 내가 부모님께 보여드렸다. 나의 여행 욕심에 부모님을 너무 고생시킨 것 같아서 미안해졌다. 곤하게 몇 시간 주무시다 잠이 깬 부모님이 말씀하셨다. "다음번엔 어디로 가볼까?" 우리는 노르웨이 트롬쇠에 오로라를 보러 가기로 했다. 그 부모의 그 자식이라고 하지 않았던가. 부모님은 그저 내가 걱정이 돼서 여행을 못 가게 하신 거지, 여행을 사랑하고 계셨다.

그렇게 또 라면을 끓였다

역시 잠이 보약인지 새벽부터 일어난 부모님은 정상적인 컨디션으로 돌아와 조식을 드셨다. 식사 후 우리는 피카소 미술관으로 향했다. 바르셀로나에서의 완벽한 하루를 선물해주기 위해 나

피카소 미술관 / 호프만 빵집

름 멋진 코스를 짜봤다. 피카소 미술관을 관람한 뒤 호프만 베이커리에서 빵을 사서 바르셀로네타 해변으로 가 바다를 보며 빵을 먹은 뒤 캔 마요(Can Majo) 레스토랑에서 식사를 하는 일정이었다.

이날은 첫째 주 일요일이라 피카소 미술관에 무료로 입장할 수 있는 날이었다. 피카소는 천재적인 예술가이다. 그가 어떤 사람인지, 어떤 삶을 살아오며 이런 작품을 담아낼 수 있었는지 이해하고 싶다면, 5유로짜리 오디오 가이드를 추천한다. 재미가 두 배가 아닌 백 배가 되는 마법이 이루어진다.

우리는 1인 1오디오 가이드님을 귀에 꽂곤 각자 취향의 그림 앞으로 향해 피카소에 대해 알아갔다. 시간 가는 줄 모르며 감상하다 문득 건너편의 부모님에게 시선이 옮겨졌다. 어머니는 뭐가

바르셀로네타 해변 일몰

그리 재밌는지 머리를 흔들거리고, 아버지는 무척 진지한 표정으로 그림을 감상하고 있었다. 미술 전공자인 언니도 흥미로운 표정으로 열심히 감상 중이었다. 나는 어떤 모습으로 관람하고 있었을까? 부모님과 함께 오길 정말 잘한 것 같았다.

3시간가량의 미술관 투어가 끝난 뒤 미술관에서 1분 거리에 있는 호프만 베이커리로 향했다. 나는 바르셀로나에 있는 동안 그곳에 총 다섯 번 방문했다. 참고로 일요일은 오후 2시 반까지만 영업한다. 크랜베리 크루아상과 마스카포네 크루아상을 테이크아웃해서 바르셀로네타 해변으로 갔다. 그곳에서 앉아 먹는 크루아상은 세상에서 제일 맛있다!

바르셀로네타 해변에는 꽤 괜찮은 레스토랑들이 많다. 그중 나는 현지인들이 추천하는 맛집인 캔 마요에 해산물 빠에야를 먹으러 갔다. 대식가인 우리 가족은 푸짐하게 한 상을 주문했다.

"감바스, 시푸드 빠에야, 깔라마리, 샹그리아!"

멋진 바다 분위기에 매혹되어 우리 가족은 술에 매우 취약하지만 스페인에 왔으니 그 유명한 샹그리아를 마셔보자며 다같이 주문했다! 바르셀로나에 있으면서 느림의 미학을 배웠다. 주문한 요리들이 세상에서 제일 빨리 나오는 곳은 한국일 것이다. 사과와 오렌지, 레몬이 듬뿍 들어간 빨간 샹그리아는 식욕을 자극한다. 샹그리아 한 잔에 다들 기분 좋게 취해, 쉬러 아니 잠을 자러 민박집으로 향했다.

저녁이 되었다. 언니와 함께 부모님 결혼기념일 깜짝 파티를 열었다. 또띠아 피자, 치즈, 포테이토칩, 하몬, 그리고 음료수.

부모님이 말씀하셨다.

"행복하다. 내년 우리 결혼기념일은 어느 나라에서 보낼까?"

음료수 한 잔을 놓고 밤은 깊어갔다.

아버지는 말씀하셨다.

"진실아, 라면이 있으면 완벽할 것 같다."

그렇게 나는 또 라면을 끓였다.

미슐랭 레스토랑에서 호사를 누리다

미슐랭의 천국 바르셀로나에 왔으니 우리 가족은 미슐랭 레스토랑을 가보기로 했다. 오랜만에 힘껏 멋을 부리고 예약해놓은 캘리스 레스토랑(Caelis Restaurant)을 방문했다. 참고로 미슐랭 스타 예약 시 노쇼 방지를 위해 카드번호를 입력해야 한다.

4인 디너 코스를 주문했다. 묵직하고 고급스런 그릇에 화려한 음식이 접시가 비어지면 즉석으로 만들어져 하나둘 나오기 시작한다. 웨이터들은 우리에게 서빙만 해주는 게 아니라 재밌는 퍼포먼스와 음식 하나하나에 담긴 스토리를 들려주며 눈과 입은 물론 분위기도 즐겁게 만들어준다.

까바 와인을 주문하자 조금 후 애피타이저가 나왔다. 올리브 모양의 동그란 초록색의 음식은 초콜릿으로, 한입에 쏙 넣어 깨물면 탁 하고 깨지는데 엔초비(우리나라 멸치젓과 비슷하다) 맛이 났다. 신기하게도 비린내는 나지 않았다. 그 옆에 있는 노른자가 들어 있는 타르트는 감자칩으로 만든 것으로 여러 가지 소스를 넣고 위에 캐비어를 얹어줬다. 비싼 캐비어를 먹고 나니 몸이 건강해지는 기분이었다.

이어서 여러 가지 빵이 나왔는데, 나의 관심사는 오로지 빵 옆에 있는 눈물 모양의 세 가지 버터였다. 검정색 버터는 올리브 맛, 빨간색은 토마토 맛, 초록색은 양파 맛이 났다. 빵과 정말 잘 어울렸던 색도 모양도 예쁜 버터를 싹싹 긁어 먹었다.

와플 모양으로 구운 감자칩 위에 올라와 있던 튜나(참치) 젓갈 같은 것도 정말 별미였다. 음식 하나하나가 정말 그림 같아 먹기 아까울 지경이었다. 하나의 예술작품을 눈으로 한 입, 입으로 또

한 입 먹었다. 바질이 들어간 감자샐러드, 비린내가 나지 않던 해산물 요리, 부드럽고 입에서 살살 녹던 스테이크 등이 나왔다.

그리고 웨이터가 여러 종류의 치즈를 가져와 먹고 싶은 치즈 세 종류를 고르면 즉석에서 잘라주었다. 한입 거리의 작은 양이라 배가 부를까라고 생각했지만, 끊임없이 나오다 보니 배가 조금씩 차기 시작했다. 디저트 역시 정말 예술이다. 레몬 모양의 캔디 같은 게 나오는데, 숟가락으로 톡톡 치면 갈라지면서 촉촉한 레몬 크림이 나온다.

입이 조금 달아서 별도의 티를 시켰는데, 사이폰에서 티가 추출되어 나왔다. 불을 이용해 끓여서 주는데 마치 과학 실험을 구경하는 기분이었다. 마지막으로 여러 모양의 초콜릿이 나오는데, 뜬금없이 땅콩이 있어서 의아했지만 땅콩 모양의 리얼 초콜릿이었다. 8시 반부터 시작해 12시 반이 되어서야 식사가 끝이 났다. 4시간 동안 하나의 멋진 콘서트를 본 느낌이었다.

평소에는 저렴한 숙소에서 자다가 하루쯤은 백만 원짜리 호텔에서도 자봐야 한다고 누군가가 그랬다. 젊은 날 경험의 폭을 넓히는 건 나를 성장시키며 인생에서 많은 도움이 될 거라고. 이런 화려한 경험을 선물해준 부모님께 감사드린다.

사랑하는 사람과 밖으로 나와 함께 길을 걷고, 맛있는 음식을 먹으며 서로 이야기를 나누고, 재밌는 영화 한 편을 보는 것. 이 얼마나 소소한 행복인가. 쉬운 일인 것 같지만 바쁘게 사는 요즘, 우리에게는 어쩌면 어려운 일이 되어버리지는 않았을까? 행복은

가족과 함께 라이딩 준비 완료!

멀리 잊지 않고 일상에 있었다. 익숙함에 속아 소중함을 잊지 말아야겠다.

미슐랭 식당 추천

- Caelis　Via Laietana, 49, 08003 Barcelona
- Enigma　Carrer de Sepulveda, 38-40, 08015 Barcelona
- Alkimia　Ronda de Sant Antoni, 41, 08011 Barcelona
- Hisop　Passatge de Marimon, 9, 08021 Barcelona
- Gaig　Carrer de Corsega, 200, 08036 Barcelona

이래서
100년 가게구나

돈 벌기 싫은가?

바르셀로나의 모든 길이 연결되는 만남의 장소 카탈루냐 광장으로 걸었다. 이곳에서부터 아래쪽은 구시가지, 위쪽은 신시가지로 나뉜다. 구시가지에는 오래된 골목들이 정말 많다. 이곳저곳 걷다 보면 유럽 영화 속 주인공이 된 기분이다. 인적이 드문 골목길은 좀도둑이 있을 수 있으므로 피하는 게 좋다.

티브이에서 보던, 진득한 초콜릿에 추로스를 찍어 먹는 100년 전통의 유명한 추로스 가게에 도착했다. 그란자 둘시네아(Granja Dulcinea). 피카소와 살바도르 달리가 즐겨 찾았던 추로스 거리에 위치한 이곳은, 1930년에 문을 연 바르셀로나에서 두 번째로 오래된 전통을 자랑하는 가게다.

오후 1시 45분, 입구에서 직원이 들어가는 나를 막아섰다. 2시부터 시에스타(Siesta) 시간이라 문을 닫으니 주문할 수 없다고 말했다. 응? 조금 충격이었다. 이렇게 위치 좋고 관광객이 많은데 손님을 거부하다니?! 돈 벌기 싫은가?? 5시에 다시 오란다. 시에스타는 스페인, 그리스, 이탈리아 등의 나라에서 한낮에는 너무 더워 일의 능률이 오르지 않아 그 시간에 잠깐 낮잠을 자고 해가 지면 다시 일을 하는 문화를 말한다. 시에스타 시간은 나라마다 차이가 있지만 대부분 2시 이후, 3시간 정도다.

우울한 마음으로 보케리아 시장에 가서 2유로짜리 리얼 생과일주스를 먹으며 기분 좋게 구엘 저택에 갔다. 그런데 그날 따라 휴무였다. 피카소 미술관으로 발걸음을 옮겼는데 이곳도 휴무였다. 바르셀로나의 명소들은 월요일에 문을 닫는 곳이 많다. 짧은 기간 동안 바르셀로나를 여행한다면 반드시 휴무일을 확인해야 한다.

우리 카페는 관광객들이 많은 여름철이나 연휴 때는 아예 쉬는 날이 없다. 나는 무얼 위해 휴무도 없이 바쁘게 살고 있는지 문득 궁금해졌다. 엄청난 볼거리가 몰려 있는 이 핫한 곳에서 추로스를 먹을 수도 관광지를 구경할 수도 없었다.

조용히 줄을 서세요

다시 그란자 듈시네아로 돌아갔더니 정확히 5시 땡 하는 동시에 철문이 드르륵 올라갔다. 문 앞에서 기다리다 1등으로 들어가

그란자 듈시네아 내부 / 핫초코와 추로스

니 왠지 뿌듯하고 기분이 좋았다. 아주 고풍스러운 분위기다. 핫초코와 추로스 4개를 주문했다. 흰 셔츠에 검정 조끼를 입고 온화한 미소를 짓는 웨이터 할아버지의 품위 넘치는 서비스에 기분이 좋아졌다!

한국처럼 기다란 추로스가 나올 줄 알았는데, 말굽 모양의 둥그런 추로스가 나왔다. 핫초코는 묵직한 게 초콜릿 소스 같았다. 내가 한국에서 먹던 맛이 아니었다. 전혀 달지 않았다. 추로스에 설탕을 뿌려서 핫초코에 찍어 먹으면 정말 달콤 쌉싸래해 궁합이 맞았다. 휘핑크림과 카카올라(Cacaolat, 초코우유)를 많이 시키는 것 같아 다음번에 도전해보기로 했다.

자리에 앉아 여유를 부리며 일기도 쓰고 책도 읽었다. 그러다 문득 고개를 들었는데, 사람들이 끝없이 줄을 서 있었다. 줄 서 있는 사람들은 언제 자리가 날지 모르지만, 불평불만 없이 자리가 생길 때까지 조용히 질서 있게 기다리고 있었다. 무엇보다 직원도 손님도 나에게 눈치 주는 사람이 없어서 시간 가는 줄 몰랐다. 다음 사람을 위해 자리를 비켜주고 싶은 마음에, 계산서를 달라며 조급해하는 나와 달리 웨이터는 웃으며 아주 느긋하게 계산서를 갖다주었다.

이렇게 유명한 추로스 가게가 한국에 있었더라면, 분명 돈을 더 벌려고 옆 가게를 사서 리모델링을 해 가게를 넓혀나갔을 것이다. 시에스타도 무시하고 돈 벌기 바쁠 것이고, 계속 잘된다면 좋은 가격에 가게를 다른 사람에 넘기고를 반복했을 것이다.

이곳에서 나는 '100년 된 우리 가게의 맛있는 추로스와 핫초코를 먹고 싶다면 조용히 줄을 서 기다리세요'라는 느낌을 받았다. 100년 전통의 가게를 이어나갈 수 있었던 원동력은 일과 쉼의 균형이 아니었을까?

간절하게 생각하면 이루어진다

지금 아니면 언제 가보겠어

그림을 잘 그리지 못하던 나는 일과가 끝나면 남해 옆동네인 사천에 매일 드로잉 수업을 받으러 다녔다. 바르셀로나로 떠나기 전 드로잉 선생님과 '소세지 팔아 두 달 바꿔 살기' 깃발 로고를 만들고 있었다. 선생님도 여행을 정말 가고 싶은데 수업도 해야 하고 일이 바빠서 갈 수 없다며 자유로운 나의 삶을 부러워했다. 그 분은 정말 책임감이 강하고 완벽주의자이다. 열심히 사는 선생님이 정말 안타까웠다.

나는 "한 달도 아니고 며칠간 자리를 비울 건데, 여행 전후에 보충 수업을 해주고 양해를 구하면 되지 않을까요? 제가 바르셀로나에 있을 때 용기를 내면 오시기 쉽지만, 나중에는 바르셀로나에 갈 기회가 없을 수도 있어요"라고 말했다.

펠리스 카페 홍보용 깃발 로고 만들기

내가 그림을 그리는 동안 한참을 고민하던 선생님은 "그래, 가보자. 지금 아니면 언제 가보겠어!"라며 과감한 결정을 내렸다. 나는 그 자리에서 항공권 끊는 걸 도와주었다. 고흐박물관도 가보고 싶다고 해서 네덜란드를 경유해서 바르셀로나로 오는 일정으로 티켓팅을 했다. 그렇게 시간이 흘러 우리는 바르셀로나에서 만났다.

그곳이 바로 여기였구나!

바르셀로나에서 선생님과 함께 여행을 하다가 바르셀로나 근교에 가보자며 알아보던 중, 멋진 절경 사진 한 장에 뿅 반했다. '토사데마르'라는 곳인데 중세 느낌이 나는 조용하고 아름다운 휴양 도시로 신혼여행객들이 많이 찾는 장소이기도 했다.

버스와 기차 둘 다 다니는데, 오랜만에 버스가 타고 싶었다. 바르셀로나 노드(Nord) 버스터미널에서 버스를 타고 1시간 10분 후 토사데마르에 도착했다. 곧장 인포메이션 센터로 가 지도를 받았다. 골목골목을 보고 있으니 그리스 산토리니가 떠올랐다(산토리니에는 아직 안 가봤지만 사진과 영상으로 자주 접해 산토리니 특유의 모습이 뇌리에 박혀 있다).

작은 마을이라 구경하는 데 시간이 많이 걸리진 않았다. 걷다 보면 올드타운에 도착한다. 사람이 사는 것 같지는 않았고, 곳곳에 관광객을 위한 레스토랑이 많이 보였다. 성벽을 걸으며 바라보는 바다가 정말 멋스러웠다. 우리는 끊임없이 감탄사를 내뱉었다. 건너편에는 멋진 개인 주택들이 있는데, 개인 풀장도 있고 뷰도 멋졌다. 저곳에는 누가 살까? 어떤 부자가 살까? 나도 저런 곳에 살아보고 싶다는 생각이 들었다. 나의 미래의 모습을 상상하며 잠시 멋진 꿈을 꿔봤다.

사실 내게 여행은 단순한 재미가 아니라, 내 인생을 바꿔준 최고의 선생님이고, 훌륭한 경험이자 최고의 자산이다. 그리고 여행은 항상 내가 살아 있음을 느끼게 해준다.

절벽 아래에는 멋진 해수욕장이 있는데, 해수욕하기 최고인 듯하다. 다음번에는 여름에 와서 꼭 수영을 해보리라 마음먹었다. 성벽길을 지나면 전망대로 올라가는 길이 있다. 전망대에는 엄청난 바람이 분다. 미친 듯 날리는 머리카락과 푸른 바다와 함께 멋진 인생샷을 남겼다. 바람이 덜 부는 곳으로 가서 챙겨간 돗자리를 펼쳐놓고 젤리와 과자를 먹으며 즐거운 시간을 보냈다.

토사데마르는 작은 도시인데 여러 개의 해변이 있다. 우리는 느낌 가는 대로 걷자며 노래를 흥얼거리고 있다가 문득 데자뷔 같은 묘한 느낌이 났다. '왠지 이곳에 와본 것 같은데?' 발걸음을 멈추고 주위를 바라봤다. 몇 개월 전 바르셀로나에 출장 왔을 때 들렀던 바로 그 카페였다.

당시 같이 온 사장님들이 바르셀로나를 자유롭게 돌아다니기 위해 렌트를 했었다. 멋진 해안도로를 끝없이 달리다 절경의 한 해변을 보고 그쪽으로 핸들을 틀었다. 주차를 하고 바다 뷰가 멋진, 뻥 뚫린 근사한 카페 야외 테라스에 앉아 잠깐 커피와 아이스크림을 먹으며 여유를 누렸는데 너무나 행복한 시간이었다. 하지만 그곳이 어딘지, 그 카페의 이름이 무엇인지 기억도 안 났다. 그저 차를 타고 달리다가 들어온 곳이었기에 그곳을 찾고 싶었지만 찾을 수 없었다. 어딘지 몰라 그저 그리워하고 있었다.

내가 그토록 다시 가고 싶었던, 이름 모를 카페에 다시 찾아간 것이었다. 카페테리아 젤라테리아(Cafeteria Gelateria). 다시 찾은 기쁨은 잠시, 쉬는 날이었는지 문이 닫혀 있었다. 하지만 카페 간판과 함께 사진을 남겼다. 먼 훗날 여름에 다시 찾아와서 아이스크림을 먹을 날을 기약하며 그곳을 떠났다.

10년 만에 다시 찾은 추억의 그곳

런던에서의 약속

2008년 나를 여행에 미치게 해준 런던. 그곳에서 2주 동안 있다가 유럽 여행을 떠나기로 했는데, 여행 전날 언니가 다리가 부러졌다. 우리는 파리행 티켓과 숙소, 유레일패스를 모조리 날렸다. 그런데 또 다른 문제는 있을 데가 없어진 것이었다. 언니가 살던 곳은 계약 기간이 다 되어가 방을 빼야 하는 상황이었다. 언니는 병원에 있어야 했고 동생과 나는 가야 할 곳을 잃었다.

급하게 2주 동안 지낼 임시 거처를 찾고 있었는데, 운 좋게 같은 어학원을 다녔던 친구 중에 사촌이 게스트하우스를 운영한다고 도와줄 수 있다고 했다. 만난 지 얼마 되지는 않았지만 그 친구 덕분에 성수기였지만, 작은 방을 저렴한 가격에 얻을 수 있었다. 방도 작고 화장실도 공용이라 약간 불편했지만 매일 다른 여행객이 찾아오면 친구가 되어 파티도 하고, 다양한 여행 정보를 들으며 여행을 즐기기 시작했다. 다행히 언니의 회복 속도도 빨랐다.

난감한 상황에서도 어렸기에 우린 즐거웠고 돈이 아까운 줄도 몰랐다. 지금 생각해보니 부모님의 속은 얼마나 뒤집어졌을까. 우리 남매 셋은 유럽 여행은 하지 못했지만, 힘든 가운데서도 재밌었다. 런던에서의 잊을 수 없는 한 달 동안의 시간은 내 인생의 터닝 포인트가 되었다. 사람들이 베풀어준 많은 도움 덕분에 그곳이 더 좋아졌고, 많이 싸우면서 고생도 했기에 더 기억에 남았다. 우리는 10년 뒤 셋이서 꼭 다시 런던에 오자고 약속했다.

추억을 거닐다

바르셀로나에서 민박집을 운영하면서 중간중간 예약이 들어오지 않았을 때가 있었다. 그때마다 사장 언니는 내게 근교에 놀러가거나 휴가를 다녀오라고 했다. 4박 5일 동안 손님들이 비어 있는 날이 있었는데, 그때 마침 퇴사를 하고 유럽 여행을 하고 있는 친언니와 추억의 장소 런던을 찾았다.

이번 런던 여행의 주제는 '추억을 거닐다'였다. 그때 그곳의 추억의 장소들을 방문하기로 했다. 10년 동안 변함없이 같은 자리를 지키고 있었던 고마운 일본 음식점 '미사토'에는 예전의 메뉴가 그대로 있었다. 칼피코 음료와 카레 돈가스, 치킨 가라아게를 주문했다.

빨간 이층 버스

맛이 바뀌었나? 왜 이렇게 내 입맛에 안 맞지? 변한 건 없었다. 단지 10년 동안 전 세계를 누비며 너무 맛있는 음식들을 많이 먹어 내 입맛이 바뀌었을 뿐이다.

런던 피커딜리 서커스 광장으로 갔다. 광장 앞에는 런던에 왔다는 것을 실감하게 해주는 빨간 이층 버스들이 다니고 있었고, 여전히 트라팔가 광장에는 거리의 예술인들이 공연을 하고 있었다. 10년 전 이곳에서 동생이 공연하는 MC한테 불려가서 같이 공연을 즐기다 돈을 뜯겼던 기억이 났다. 아쉽게 빅벤과 유명 관광지들이 보수 공사를 하는 곳이 많아서 예전처럼 고풍스러운 모습

같은 공간에서 10년 전과 같은 포즈로 사진 찍기

은 아니었다. 하지만 예전의 장소를 걷고 다시 왔다는 것 자체에 너무나도 들떴다.

해가 질 무렵 템스강을 거닐며 런던아이를 향해 다리를 건너갔다. 이 거리에도 길거리 음식을 파는 상인들이 있었고 예술가들이 자신의 끼를 부리고 있었다. 10년 전 이곳에서 사진을 찍은 기억이 나서 옛 사진을 찾아보고 같은 공간에서 같은 포즈로 사진

트라팔가 광장

을 찍었다. 런던아이는 그대로고, 여전히 나의 머리색은 갈색이고 머리털도 개털이고 좋아하는 갈색 크로스백을 메고 있다. 다만 계절이 바뀌어 여름이었던 그때와 달리 겨울 런던을 느꼈다.

10년 만에 다시 찾은 영국에 보내는 편지

영국 안녕?

10년 동안 잘 지냈니?

20대의 나를 여행의 세계로 인도해준 너에게 고맙다라는 인사를 하러 30대가 되어서 찾아왔어.

난 여전히 철이 덜 들었고, 여행이 좋아 전 세계를 누비며 자유롭게 살고 있어! 여행이라는 것을 통해 많은 걸 배우고 얻었고, 소중한 걸 잃으며 다른 것을 채우는 법도 익혔어.

10년 뒤 나의 삶은 또 많이 바뀌어 있겠지. 하지만 10년 뒤에도 철이 안 들어서 다시 찾아올게. 변함없이 한자리에 기다려주는 추억의 장소가 있다는 것은 정말 소중한 거 같아.

아무 일도 하지 않으면
아무 일도 일어나지 않는다

조금 내려놓아야 행복하다

몸살이 걸렸는지 갑자기 온몸에 통증이 오고, 무기력해져 아무 것도 하기 싫어졌다. 이제 민박집 일을 그만하고 한국으로 돌아가고 싶었다. 사실 외국에 살면서 일하면 행복하고 여유로울 줄 알았다. 하지만 나는 바르셀로나에서 또 한 번 나를 죽이고 있었다. 완벽주의자인 나는 펠리스 카페에서 일하던 습관대로 미친 듯이 청소를 했고, 가족들이 놀러왔을 때도 같이 놀면서 한편으로는 '민박집 청소해야 하는데…. 할 거 많은데 이렇게 놀면 되나'라는 생각을 했었다.

한국에서 날 보러 온 가족들, 비행기를 타고 온 친구들, 모두가 떠나고 이제 혼자가 되었다. 너무 혼자서 다 채우려고 했고, 주위를 둘러보지도 않고 다 잘하려고 했다. 그게 스트레스가 되고 힘이 들었다. 그들이 떠나고 나서야 깨달았다. 나를 위해 시간을 내서 와준 그들이 너무 고마웠고 한편으로는 너무 미안했다.

두 가지를 다 잘할 수 없다는 걸 인정하니 마음이 한결 가벼워졌다. 조금 내려놓아야 행복할 수 있다는 것을 배운 것 같다. 시간을 다시 되돌릴 수는 없지만, 이제 얼마 남지 않은 바르셀로나에서의 삶을 알차고 소중하게 여기기로 했다.

마지막 손님

두 달간의 시간이 흘러 어느덧 바르셀로나 민박집에서 마지막 손님들을 받았다. 많은 손님들이 내 머릿속을 스쳐 지나갔다. 나에게 열쇠고리를 선물해준 모녀, 손편지를 써준 학생, 항상 두 손 가득히 먹을 것을 주신 아주머니, 신혼여행을 온 커플, 돈 많은 동네 오빠들, 선물을 한가득 챙겨온 독일 친구, 밥 잘 먹던 두 소녀, 크리스마스를 함께한 그녀들, 새해를 함께 맞이한 사람들, 쇼핑몰 모델, 막말 퍼붓던 학생들, 출장 온 회사원, 퇴사 여행객 등등 정말 다양한 사람들이 다녀갔다. 까사요니의 좋은 리뷰를 위해 그들에게 잘하려고 신경 쓰고 노력했지만, 제각각 받아들이는 것은 분명 달랐을 것이다.

마지막 조식은 떡볶이였다. 사실 한국에서 부모님이 이곳에 오실 때 가져온 재료들인데, 혼자 여유롭게 시간 내서 먹으려고 아껴두었는데, 정말 아끼면 똥 된다는 말이 맞다. 떡볶이를 만들어 마지막 손님들과 아침 반찬으로 먹었다. 아무 말 없이 행복한 표정을 지으며 떡볶이 국물에 밥까지 말아 먹는 그들을 보니, 역시 맛있는 것은 나눠 먹을 때 행복함이 배가 되는 것을 느꼈다.

손님들을 보내고, 지난 두 달간의 생활을 정리하며 짐 정리까지 마친 후 혼자 여행자의 거리로 나왔다. 이제는 내 집같이 익숙해진 거리 구석구석을 한참 돌아다녔다. 해가 질 무렵에는 바르셀로네타 해변에서 분위기 좋아 보이는 맥줏집에 앉아 맥주 한 잔과 감자튀김을 먹으며 시간을 보냈다.

맥줏집에는 나 빼고 다 커플, 가족들이었다. 외국에 살면 마냥 여유롭고 좋을 줄 알았는데, 외롭고 한국이 그리워졌다. 다시 돌아갈 수 있는 곳이 있다는 것은 정말 감사한 일이다. 낯선 나라에서 다양한 사람을 만나고 새로운 일에 도전한 경험은 훗날 또 다른 나에게 새로운 기회를 줄 것이다. 나를 믿어준 펠리스 카페 식구들과 가족들이 너무 보고 싶었다.

내 일이 가장 소중했다

바르셀로나로 떠나오기 전 사람들이 내게 말했다.

"두 달간 직업 바꿔 살기는 정말 멋진 아이디어지만 그 일은 가능한 일이 아니잖아."

"넌 정말 엉뚱한 사차원인 것 같아."

"책임감이 없는 거 아냐? 두 달 동안 가게를 비운다고?"

나는 되물었다.

"우리는 지나치게 모든 것에 기준을 부여하고, 그에 따라 비슷한 삶을 살고 있는 것 같아. 모두들 남들이 사는 방식에 맞춰 살고 있는 건 아닐까?"

바르셀로나에서 두 달간 살아본 나는 이제 당당하게 말할 수 있다. 나는 항상 꿈을 꾼다. 그리고 그 꿈을 계속 머릿속에 담아두고 언젠가 실천에 옮긴다. 왜냐면 나를 믿고 사랑하기 때문이다. 꿈을 꾸며 생생하게 생각했기에 바르셀로나에 살면서 일하고 싶다는 꿈이 이뤄졌다. 카페 사장이라고 카페 일만 하는 게 아니라, 다양한 일을 해봐야 폭넓은 경험을 할 수 있다.

누군가가 말했다. "에펠탑이 멋져 보이고 많은 사람에게 사랑받는 이유는, 3일 뒤 이곳을 떠나기 때문이다. 계속 그곳에 살면 아름다운 줄 모른다." 나 또한 그랬다. 남해에서 매일 반복되는 카페에서의 일상에 지쳐 내 일에 대한 소중함을 잊고 있었다. 내가 돌아갈 수 있는 내 일터가 있다는 것만큼 감사하고 행복한 일은 없다. 인생은 한 끗 차이인 것 같다. 사람들은 저마다의 이유로 행복해하고 저마다의 이유로 불행하다고 말한다.

자신감과 결단력이 가져다준 멋진 기회

'아무 일도 하지 않으면 아무 일도 일어나지 않는다'는 이 말에 나는 너무나 공감한다. 나는 둘째로 태어나 어릴 적부터 하고 싶

소중한 나의 펠리스 카페

은 것, 생각나는 건 즉흥적으로 다하며 무서울 거 없이 자유롭게 자랐다. 지금 생각해보면 부모님은 내 고집이 세서 포기를 하셨는지, 아니면 내가 믿음직했는지 그다지 혼을 내지는 않으셨다.

선생님 말씀에도 부모님 말씀에도 앞에서는 'YES'를 외치고 뒤에서는 '자유'를 부르짖으며 내 마음대로 하는 청개구리였다. 가진 거라곤 근거 없는 자신감과 그에 따른 빠른 결단력뿐이었다. 이런 성격 덕분인지 급작스레 스페인 출장을 오게 되었고, 두 달간 직업을 바꿔 사는 멋진 기회를 잡을 수 있었다.

생각이 너무 많으면 계속 안 되는 핑곗거리만 찾게 된다는 사실을 어릴 적부터 알고 있었기에 나는 바르셀로나에서의 모험을 신나게 즐길 수 있었다. 바르셀로나에 온 것은 내 인생에서 가장 잘한 일이다. 앞으로도 계속해서 새롭고 재밌는 일을 끊임없이 벌이고 도전할 것이다.

PART 4

N잡러가 되어보자

투어 가이드에 도전하다

덩달아 행복해지는 신혼여행 가이드

고등학교 단짝이 11월에 결혼식을 올린다며 연락을 해왔다. 친구는 내가 바르셀로나에서 두 달간 민박집을 운영하러 떠나기 전에 자신의 결혼식을 보고 가야 한다고 당부를 했다.

그런데 며칠 뒤 뜬금없이 "우리랑 같이 신혼여행 가면 안 돼?"라고 물어왔다. "엥? 신혼여행 가는데 내가 왜 따라가?" 혹시 잘못 들었나 싶어서 되물었더니, 첫 해외여행이라 무섭고 영어도 못해 겁이 나니 가이드를 해주면 좋겠다고 했다. 당혹스럽긴 했지만 내게는 해외여행이 너무 쉬운데 한 번도 안 가본 사람은 두려울 수도 있겠다라는 생각이 들었다. 항상 혼자 여행을 다녔는데 가이드라는 직업이 내게 잘 맞을지 궁금하기도 했다.

친구는 라스베이거스를 거쳐 칸쿤으로 신혼여행을 가기로 했

라스베이거스 야경 / 그랜드 캐니언. 광대한 자연 앞에서 한없이 작은 존재가 된다.

다. 당시 이 코스로 신혼여행을 가는 사람이 많았다. 멕시코에 4개월간 살 때 칸쿤에 정말 가보고 싶었는데 못 가봐서 아쉬웠다. 이참에 잘됐다 싶어 친구의 부탁을 흔쾌히 수락했다.

나는 혼자 여행을 다닐 때는 미리 예약하지 않고 즉흥적으로 이곳저곳 다니는 스타일이다. 하지만 친구 신혼여행이니 어떻게든 알차게 시간을 보내게 해주고 싶었다. 오랜만에 인터넷 폭풍 검색을 해서 빡빡하게 일정을 짰다.

라스베이거스와 그랜드캐니언은 이미 여러 차례 가보았지만 다시 한번 들르기로 했다. 운전을 해서 돌아보기에는 일정상 무리가 있어 19시간 동안 진행하는 합리적인 가격의 소수 프라이빗 투어 상품을 예약했다. 새벽에 출발해서 홀스슈밴드, 앤텔로프 캐니언, 그랜드 캐니언, 루트66 등을 구경한 뒤 저녁에 은하수를

칸쿤 하얏트호텔 / 칸쿤 익스플로러 투어 집라인

보고 돌아오는 일정이었다. 칸쿤에서는 스노클링 투어와 코코봉고(Coco Bongo, 뮤지컬 같은 테마쇼로 전 좌석이 스탠딩석이다. 칸쿤의 핫플레이스다) 관람을 예약했다.

결혼식이 끝나고 나는 친구보다 먼저 라스베이거스에 가 있었다. 라스베이거스 메인스트리트에 있는 M&M 초콜릿 매장 앞에서 만난 친구의 모습이 아직도 기억이 난다. 어린아이마냥 너무 행복해하며 나에게 달려왔다. 친구의 눈에서 내가 스무 살 때 낯선 곳에 도착해 느꼈던 두려움 반 설렘 반의 떨림을 보았다. 나는 그 눈 속에 소중하고 행복한 추억들을 담아주었다.

남의 신혼여행에 따라가서 라스베이거스와 칸쿤에서 6일간 호화스러운 시간을 보냈다. 신혼여행 가이드를 마치고 바르셀로나로 넘어가는 비행기 안에서 나는 뿌듯함과 성취감이 섞인 미묘한 감정을 느꼈다. 나 혼자 여행하면서 느끼는 즐거움과는 다른, 내가 아닌 누군가를 행복하게 만들어준 즐거움이었다.

바르셀로나 프리 워킹 투어 가이드

바르셀로나에서 두 달간 직업 바꿔 살기를 할 때 민박집에만 매달리지 말고 하루에 한 번은 특별한 경험을 하기로 원칙을 세웠다. 하루는 바르셀로나 야경 투어를 신청했다. 민박집 손님들이 많이 하는 질문 중 하나가 야경 투어가 어떠냐는 것이었다.

바르셀로나 밤거리는 아무 생각 없이 걸어도 참 좋았는데, 가이드에게 관련된 역사와 얽힌 이야기를 들으며 걸으니 거리 곳곳이 의미 있어 보였다. 내가 들은 내용을 손님들에게도 알려주고 싶어 투어가 진행되는 동안 꼼꼼히 메모도 하고 복잡한 골목길도 잘 기억해두었다. 투어를 마치고 민박집으로 돌아와 더 자세히 알고 싶은 내용들은 인터넷에서 찾아보았다.

공부를 하다 보니 나도 민박집 손님들이 원하면 내가 투어 때 알게 된 것들을 알려주고 싶다는 생각이 들었다. '그래, 민박집 손님들의 프리 워킹 투어 가이드가 되어보자!' 완벽한 가이드는 아니지만 역사와 스토리가 살아 있는 아름다운 바르셀로나 골목길 야경도 보여주고, 손님들의 멋진 인생샷도 남겨주기로 마음먹었다. '까사시리의 프리 야경 투어'란 이름도 붙였다. 민박집 이름인

'까사요니'와 내 이름 권진실의 끝 자 '실'을 연결해서 만들었다.

투어 첫날, 세 분의 손님이 '까사시리의 프리 야경 투어'에 함께 했다. 먼저 까사요니 앞의 그라시아거리(신시가지)에서 람블라스거리(구시가지)까지 걸어 고딕 지구(El Barrio Gotic)로 향했다.

고딕 지구는 바르셀로나의 역사가 있는 매력적인 장소다. 2,000년 전 로마인들은 이곳에 식민지를 건설하고 성벽을 쌓았다. 지금까지 당시 성벽이 많이 남아 있다. 그리고 고딕 지구 몬카다 거리에는 피카소 미술관이 있다. 피카소는 바르셀로나에서 많은 시간을 보내며 영감을 받았다. 그의 대표작 〈아비뇽의 처녀들〉은 고딕 지구 아비뇽 거리를 거닐며 그린 작품이다. 당시 예술가들의 아지트였던 4GATS는 피카소의 단골 카페였다. 가우디 역시 단골이었다. 피카소의 팬들과 관광객들이 많이 찾는다.

고딕 지구의 중심 광장인 레이 광장(Plaza Del Rei)은 '왕의 광장'이라 불린다. 이 광장을 둘러싼 건물은 옛날 바르셀로나를 지배했던 아라곤 왕의 왕궁이다. 이곳에서 가끔 야외극이나 콘서트 등이 열린다. 왕의 광장 옆쪽에는 바르셀로나의 랜드마크 바르셀로나 대성당(Barcelona Cathedral)이 있다. 바르셀로나 대성당은 고딕 양식과 카탈루냐 양식으로 만들어졌다. 대성당 앞에는 늘 많은 사람이 사진을 찍기 위해 줄을 서 있다. 줄을 서지 말고 대성당 왼쪽으로 가면 내려가는 계단이 있는데, 그곳에서 사진을 찍으면 대성당의 전경을 한 화면에 담을 수 있다.

바르셀로나 대성당 앞에서 작은 프리마켓이 주말마다 열리고,

밤에 본 바르셀로나 대성당 / 카탈루냐 건축가 협회 건물 벽에 새겨진 피카소 벽화

크리스마스에는 크리스마스 상점도 열린다. 가끔 이 광장에서 카탈루냐 사람들이 그들의 전통춤 사르다나를 춘다. 대성당 건너편을 보면 거대한 벽에 어디서 많이 본 듯한 그림이 있는데, 바로 피카소의 그림이다. 피카소가 사르나다를 추는 사람들을 그린 그림이다.

고딕 지구 야경을 구경한 다음 내가 제일 좋아하는 레이알 광장(Plaza de Reial)에 도착했다. 이곳은 야경이 정말 아름다운 곳이다. 레이알 광장을 둘러싼 상가에는 유명한 레스토랑과 재즈 카페가 많다. 그리고 가우디가 만든 가로등을 만날 수 있다. 건물마다 은은한 유럽 감성의 조명들이 촘촘히 빛나고, 곳곳에서 거리의 악사들이 연주하고 있다.

아는 만큼 믿고 아는 만큼 보인다. 아무 생각 없이 걸어 다녔던 길가의 오래된 건축물, 멋진 조각상들, 그림이 있는 벽들, 그 길과 건물 하나하나에는 멋진 이야기가 있다. 그것을 알고 걷는다면 또 다른 감동이 밀려온다.

고객의 즐거움을 위해 나선 남해 투어 가이드

친구 신혼여행 가이드, 바르셀로나에서 손님들 프리워킹 투어를 해보니 자신감이 생겼다. 가이드 자격증은 없지만 가이드라는 일이 내게 잘 맞다는 생각이 들었다.

그동안 우리 펜션에 묵는 손님들의 성향을 파악해 여행 루트를 많이 짜주었다. 외국인 숙박객들이 남해 차량 가이드를 부탁하면 영어 공부도 하며 차비도 벌 겸 여러 차례 가이드를 해주었다. 그들은 자기네 나라에는 없는 생소한 것들을 좋아했다.

특히 유럽이나 미국에서 온 손님들은 보리암을 정말 좋아했다. 남해를 찾아온 우리나라 관갱객들은 정말 바쁘다. 잠깐 보리암을 구경하고 다른 볼거리를 찾아 떠난다. 하지만 외국인들은 산, 바다를 정말 찐으로 즐긴다. 너무 즐겨서 내려갈 생각도 하지 않는다. 보리암에서 조금 더 올라가면 금산산장이라고 절벽 위의 밥집이 있는데, 전망이 정말 예술이다. 외국인들은 그곳에서 파는 메밀전병과 식혜, 라면을 정말 좋아했다.

절벽 위의 밥집 금산산장

두 번째로 좋아하던 관광지는 다랭이마을이다. 층층이 쌓인 계단식 다랭이논에 감탄사를 연발한다. 마치 페루의 마추픽추에서 내가 느낀 감정들을 그들이 느끼고 있을 거라는 생각이 들었다. 그들이 즐거워하는 모습을 보면 나도 뿌듯하고 더 멋진 것들을 보여주고 싶었다.

그리고 마지막 코스로, 넘버1 관광지인 독일마을과 물건마을을 산책하고, 바로 독일맥주를 마시기 위해 펠리스 카페 1층에서 모인다. 나는 한국의 치맥 문화를 알려주고 싶어서 유일하게 배달되는 치킨집에 전화를 돌려 그들과 함께 치킨을 먹으며 남해에서의 완벽한 마지막 밤을 책임져준다. 그러면 그들은 '굿 가이드!'

라고 연신 외친다.

부모님과의 남미 여행 때 이용했던 스마일로드 여행사 소개 책자에 내가 좋아하는 구절이 있다.

"세상을 바라보는 두 개의 창문이 있다고 합니다. 하나는 '책' 하나는 '여행'이라고 생각합니다. 저는 그 두 개의 창문을 활짝 열어서 이 넓은 세상을 많이 보고 많이 느끼면서 살고 싶습니다. 나와 다르게 사는 사람들을 보면서 그것이 틀리게 사는 것이 아니라 다르게 사는 것임을 이해하고, 내가 알지 못하던 새로운 풍경을 만나면서 내 마음의 땅을 넓히는, 그런 여행을 하고 싶습니다. 선생님께서 세상을 바라보실 한쪽 창문을 같이 열게 되어 또 영광입니다. 회사의 이름대로 웃음 가득한 길이 될 수 있도록 최선을 다하겠습니다."

카페를 하면서 다른 일을 하지 말라는 법은 없지 않은가. 시간이 주어진다면 남해에 대해 더 공부를 하고, 자격증이 있다면 따볼까도 싶다. 지인이나 외국인이 남해나 해외 여행 가이드를 원한다면 기꺼이 해주고 싶다.

호두까기 잡화품
사장님 되다

또다시 찾아온 아메리칸드림

2019년 12월, 10년 만에 마이애미를 찾아갔다. 나의 첫 직장이자 어린 시절 꿈을 키워주며 단단하게 성장시켜준 이곳은 나에게는 많은 사연이 있는 공간이자 제2의 고향 같은 곳이다. 아는 분이 이곳에서 2015년도에 카페를 개업하면서 함께 일하자고 제안을 했지만, 나는 한국에 남아 펠리스 카페를 오픈했다. 그 사장님의 카페는 성공적으로 안착해 플로리다에 많은 가맹점을 가지고 있다.

미국 시장은 어떨지, 더 큰 세상으로 나아가보고 싶은 도전 욕구가 생겨났다. 그분이 오픈한 카페가 매우 궁금했다. 카페 외에 빵 공장도 가지고 있고, 부동산과 건축업 일도 하고 있다. 빵 공장 투어를 하고 저녁에 사장님과 이런저런 이야기를 하다가 나는 미국에서 '뚱카롱'을 팔면 어떨지 물어봤다. 요즘 K-POP문화가 많이 알려져서 반응이 괜찮을 것 같다는 의견을 주었다. 그분은 투자 비자 받는 법과 마카롱 가게 자리 등을 알아봐주기로 약속했다. 2020년 2월 설날에 한국으로 들어와서 남은 이야기를 나누기로 했다.

그렇게 두근두근 새로운 꿈을 안고 한국으로 돌아왔다. 때마침 펠리스 카페를 인수하고 싶다는 분이 나타나서 계약금을 받았다. 이후 미국에 마카롱 가게를 오픈하기 위한 준비를 시작했다.

다시 펠리스 카페로

나는 마카롱을 만들 줄 알았지만, 보다 다양한 종류의 마카롱 만드는 법을 배우기 위해 전문가 과정에 등록해 수업을 들었다. 그런데 2020년 1월 말 코로나가 전 세계를 뒤덮었고 한국에도 엄청난 속도로 퍼지기 시작했다. 오프라인 시장에서 많은 가게들이 문을 닫았다. 그 와중에 새로운 업종들이 빠른 속도로 생겨났다. 그중 하나가 무인 카페, 자동차극장, 풀빌라였다.

이 위험한 시기에 먹고살 걱정으로 고민이 많았는데, 계약자로부터 연락이 왔다. 빠르게 확산되고 있는 코로나 바이러스와 강력한 방역 수칙을 이겨내기 힘들 것 같다며 계약을 취소하겠다고 했다.

나의 계획도 꿈도 모든 게 틀어졌다. 정말 절망스러웠다. 모든 계획이 엇나가고 갈 길을 잃었다. 그렇게 나는 다시 펠리스 카페로 돌아왔다. 하지만 그건 내게 찾아온 소중한 기회였다.

코로나로 부산, 제주도처럼 사람들이 많이 붐비는 유명한 관광지보다는 조용하고 덜 알려진 남해에 신혼부부, 캠핑족, 가족 여행객 등 다양한 사람들이 오기 시작했다. 코로나가 더 심해지자 정부에서는 급기야 2인 이상 집합 금지령을 내렸다. 하지만 규제가 심해질수록 사람들은 인적이 드문 여행지, 자연을 찾았다.

이 시기 남해 펜션들은 호황을 맞아 평일, 주말 할 것 없이 자리가 없을 만큼 장사가 잘되었다. 이때 풀빌라, 독채 펜션들이 많이 생겼다. 코로나 전에는 손님이 없다고 힘들어하던 펜션 사장님들도 이제는 바빠서 힘들다며, 그래도 이게 낫다며 행복한 자본주의 미소를 보이기 시작했다. 덩달아 펠리스 카페도 바빠졌다.

그런데 문제는 당시 카페에서는 식사 메뉴를 시키지 않으면 손님을 받을 수 없었다. 우리 카페는 다행히 브런치 메뉴가 있어서 식사가 가능했지만, 커피랑 디저트만 먹으러 오는 손님은 받을 수 없었기에 걱정스러웠다.

'어떻게 하면 남해를 찾는 관광객들의 시선을 끌 수 있을까?'

매출은 점점 떨어지고 카페도 조용해지다 보니 나만의 시간이 많이 생겼다. 어떻게 하면 매출을 일으킬 수 있을까 고민했지만 아무리 생각해도 답은 나오지 않았다.

여행이 가르쳐준 특별한 아이디어

생각해보니 스무 살 이후로 해외여행만 주야장천 다녔다. 이왕 이렇게 코로나가 터져서 해외에 못 가게 된 거 국내 여행을 다녀보기로 했다. 남해에서 가까운 거제도부터 여행을 하기 시작했다. 코로나라서 그런지 어딜 가나 숙소나 호텔에는 사람이 없어 가격이 저렴했다. 나만 그런 게 아니고 다들 힘들구나 싶었다.

거제 한화리조트 근처에 산책을 하러 나갔다. 야외에는 그래도 사람들이 조금씩 돌아다니고 있었다. 산책을 마치고 호텔로 돌아가는 길에 저녁에 마실 와인이랑 안주, 다음 날 아침에 먹을 음식을 사러 편의점에 들렀는데, 편의점에 나 같은 사람들이 참 많았다. 문득 좋은 아이디어가 떠올랐다. 남해에 여행 오는 손님들이 숙소에서 마실 맥주와 와인을 판매하면 어떨까 하는 생각이 들었다.

그렇다! 틈새시장을 노려보자. 매장 한쪽을 완전히 비우기로 하고 테이블과 의자를 치워버렸다. 우리 가게의 콘셉트인 호두까기 인형 이미지를 살려 매장 한쪽을 독일 맥주, 세계 와인, 안주, 세계 과자, 남해 기념품들로 채우고 카페와 기념품점을 함께 운영하는 호두까기 잡화점을 오픈했다.

코로나 시절에 매출이 3배 이상 오르다

호두까기 잡화점을 만들자 카페 안에서 식사를 하는 고객들뿐

틈새시장을 노려 만든 호두까기 잡화점

아니라, 독일마을을 구경하며 걸어다니던 사람들도 하나둘 안으로 들어와 구경하며 물건을 사 갔다. 그리고 커피도 테이크아웃을 하니, 매출은 코로나 전보다 더 오르기 시작했다.

어느 날 한 신혼부부가 와서 답례품 상담을 하기에 친절하게 비주얼 좋은 맥주 세트를 추천해주었다. 그랬더니 한 번에 15세트를 사고 독일 과자들도 박스 단위로 사갔다. 처음 겪은 일이라 너무 감사해서 서비스를 잘 챙겨주었다. 그후로 계속해서 신혼부부들이 와서 맥주 세트를 작게는 10개에서 많게는 30개까지 답례품으로 쓸어갔다. 어떻게 알고 오셨냐고 물어보니, 네이버에서 글을 보고 왔다고 하는데, 아마도 처음 사간 분이 좋은 글을 남겨줬던 것 같았다.

호두까기 잡화점 내부

그러던 어느 날 KBS 〈생생정보〉에서 전화가 왔다. 지인들이 〈생생정보〉에 돈 주고 광고했다는 이야기를 많이 들었던 터라 광고 전화인 줄 알고 그냥 끊어버렸다. 손님이 꾸준히 늘고 있어 광고할 필요가 없다고 생각했기 때문이다. 그런데 또 전화가 왔다. 이번에는 "저희 광고 안 해요"라고 단호하게 말했는데, 놀랍게도 광고가 아니라 촬영을 하고 싶어서 섭외차 전화한 거라고 했다. 그렇게 2021년 7월 15일 〈생생정보〉 1357회에 '남해 감성돔빙수'로 방송을 타게 되어 많은 사람들이 감성돔빙수를 먹으러 찾아왔다. 매출도 곧 3배 이상 뛰어올랐다.

정말 죽으라는 법은 없나 보다 싶었다. 어떤 사람은 "운이 좋았다"고 말하기도 한다. 하지만 나는 운이 좋았다기보다는, 힘들고 좋은 아이디어가 떠오르지 않을 때마다 여행을 떠나 힐링하고 쉬면서 나를 돌아보고 다시 도전했던 게 나를 좌절하지 않게 만든 것 같다.

'코로나는 내게 잠깐 여행을 멈추고 돈을 더 많이 모아서 나중에 더 재밌게 여행하라는 신호'라고 생각했다. 실패하더라도 좋은 경험했다고 생각하면 정말 내가 성장한 기분이 들었다. 코로나 기간은 많은 사람들에게 힘들고 슬픈 시간이었지만, 누군가는 시대의 흐름에 맞춰 큰돈을 벌었다.

많은 카페와 음식점, 술집들이 문을 닫았고, 사람들은 안정적인 일거리를 찾으려 애썼다. 하지만 나는 이 위기를 어떻게 기회로 만들어서 가게를 잘 운영할 수 있을지 스스로에게 물음표를 던지며 해답을 찾기 위해 노력을 쏟았다.

앞으로 우리 가게와 비슷한 콘셉트의 경쟁업체가 많이 생길 수도 있다. 하지만 나는 그럴수록 일상을 벗어나 더 자주 다양한 곳을 찾아다니며 좋은 아이디어를 얻고 그것을 발전시켜 더 멋진 카페로 변화시킬 것이다.

게스트하우스에서 펜션으로 변신

비대면 체크인 펜션

펠리스 카페 건물 2층을 게스트하우스로 운영하고 있었다. 하지만 2020년 코로나로 사람들과 접촉을 피하는 '비대면'이 일상화되면서 게스트하우스들이 문을 닫기 시작했다.

나 역시 게스트하우스를 카페로 바꿀지 펜션으로 바꿀지 고민했다. 카페는 너무 포화상태라 나눠 먹기가 될 것 같았고, 코로나 방역 수칙이 갈수록 강화되어 카페 취식 금지가 2인으로 줄어든 상황이었다. 그러다 보니 카페를 찾는 사람이 확연히 줄어들었다.

반면 펜션은 호황을 이뤘다. 우리끼리만 모여 먹고 즐기는 추세였다. 나도 시대의 흐름에 따라야 할까? 게스트하우스를 펜션으로 만들면 어떨까라는 생각으로 리모델링을 했다. 리모델링이

남해 독일마을 전경

끝나고 비품들을 넣으며 인테리어를 시작했다. 하지만 펠리스 카페와 호두까기 잡화점이 바빠지다 보니 펜션까지 신경 쓰기에는 체력적으로 여유가 없었다.

힘들어하고 있을 즈음, 마침 욜로여행사 정기현 대표님이 코로나로 잠깐 여행을 멈춘 시기에 남해를 방문했다. 욜로여행사는 2015년 펠리스 카페를 열고 처음으로 떠난 남미 한 달 여행 때 이용했던 여행사다. 당시 욜로여행사 첫 투어였기에, 내 블로그에 1일차부터 30일차까지 매일매일 여행기를 올려 남미 여행 투어 홍보를 해주었다. 이후 펠리스 카페 1주년 이벤트의 1등 당첨자를 욜로여행사 투어 상품으로 30일간 남미에 보내기도 했다.

펜션 발코니에서 내려다본 남해 바다

정기현 대표님은 여행을 많이 다녀 안목이 높은 데다 해외에서 민박집을 운영하는 등 다양한 경험의 소유자다. 인테리어 중인 펜션을 구경하더니 이렇게 좋은 공간을 왜 빨리 진행하지 않고 놔두고 있냐며, 욜로여행사를 도와준 은혜를 갚겠다며 펜션 인테리어 작업을 도맡아 하기로 했다.

누구보다 여행을 사랑하고 좋아하는 그의 도움으로 펜션 인테리어에는 여행자 감성이 스며들었고, 방문객이 좋아할 만한 것들로 채워진 전 객실 오션뷰 펜션이 탄생했다.

15만 원 투자하고 1,500만 원 벌다

코로나로 여행객이 남해에 몰리면서 오픈한 펜션은 광고를 하지 않았는데도, 독일마을에 놀러 왔다가 직접 찾아와서 예약하는 사람들이 많았다. 그리고 정기현 대표님의 폭넓은 인맥으로 블로거, 유튜버들이 찾아와 소개 글을 많이 올려줘 입소문을 타기 시작했다.

처음에는 손님들이 언제 체크인 체크아웃을 하는지 시간을 알 수 없어서 늦은 밤에 체크인하는 손님을 기다리느라 잠을 제대로 못 자기 일쑤였다.

게다가 코로나가 심해져 다들 서로 접촉을 원하지 않을 때라 방 열쇠를 주고받는 시스템이 꽤나 손이 갔다. 어떻게 하면 서로 마주하지 않고 편하게 체크인 체크아웃하는 시스템으로 바꿀 수 있을까 고민을 거듭하다 디지털 도어락 객실 관리 시스템을 생각해냈다. 객실당 15만 원씩 들어 비싸다고 생각했는데, 이내 내가 수고를 덜하면서 서로 편한 게 좋지 않을까라는 결론에 도달해 모든 객실을 디지털 도어락으로 교체했다. 남해에서 최초로 비대면 체크인 체크아웃 시스템을 도입한 것이다.

처음 해보는 비대면 시스템이라 생각보다 사용하기가 까다로웠다. 손님이 체크인하기 전에 완벽한 세팅을 마쳐 컴플레인이 생기지 않도록 철저히 준비했다. 그리고 바비큐 그릴을 두지 않았다. 그릴을 두면 숯을 준비해야 하고 관리와 청결 유지에도 어려움이 있다. 남해는 차가 없으면 돌아다니기 정말 힘든데, 다행히 독일마을은 버스를 이용하기 편하다. 특히 우리 펜션 근처에 편의점, 카페, 맥줏집들이 밀집해 있어서 자유롭게 걸어다니며 여러 매장에서 식사를 하거나 술을 마실 수 있다. 또한 음식을 사다가 분위기 있게 객실 테라스에서 즐기거나 1층 펠리스 카페 테라스에서도 식사할 수 있게 했다.

예상했던 대로 혼자 와서 테라스에서 먹는 걸 즐기는 조용한 손님들이 많이 찾아왔다. 나는 손님들이 이곳에서 편안히 쉬었다 갈 수 있게 노력했다. 분위기가 사람을 만든다고, 우리 펜션 손님들은 객실도 깨끗하게 사용했고, 쓰레기 분리수거도 잘했다. 비대면이라 체크아웃 시간인 11시 이후에 나가는 손님도 있을 거라 생각했는데, 9시 전에 체크아웃하는 손님들이 더 많았다. 덕분에 청소가 끝나면 오롯이 나만의 시간을 가질 수 있는 멋진 시스템을 갖춘 펜션이 되었다.

카페와 펜션을 함께 운영하면 자유 시간이 더 줄어들 거라고 걱정했지만, 비대면 시스템 덕분에 별 어려움은 없었다. 카페를 찾아온 지인들과 여행자들에게 쉼을 제공할 수 있게 되어 나는 더 행복해졌다.

재밌게 놀았더니
이게 돈이 되네?

여행하며 돈도 버는 직업

펠리스 카페의 호두까기 인형 콘셉트는 내가 힘들게 독일을 열 번 넘게 다녀오며 만들어낸 우리 카페만의 특색이었다. 그런데 시간이 지날수록 호두까기 인형을 판매하고 잡화점이란 명칭과 콘셉트를 따라 하는 곳들이 생겨났다. 그들은 다 우리 카페에 왔던 손님, 지인이기도 했다. 호두까기 인형과 잡화점 콘셉트를 사용하지 말라고 할 수도 없는 노릇이었다.

그래서 독일마을에서 독일 것만 팔자라는 고정관념을 버리고 유럽 과자와 유럽 맥주를 팔기 시작했다. 그러자 다른 가게들도 이내 같은 제품을 팔기 시작했고, 누가 더 싸게 파냐 가격경쟁이 붙었다. "너는 카푸치노 맛과 바닐라 맛을 팔고 있으니 나는 초코 맛을 팔아도 괜찮지?"라며 거래처를 알려달라는 사장님도 있었다.

자본주의사회니 당연한 거 아니냐고 생각할 수 있지만, 스물여섯 살에 겼었던 이런 일들은 내게는 감당하기 어려운 스트레스를 가져다줬다. 그때는 다들 왜 이러지 싶었다. 차츰 나는 "장사 돈은 개도 안 물어간다"는 말이 이해되기 시작했다. '그래, 지금은 현상 유지만 하자'며, 트렌드를 따라가며 돈을 벌 수 있는 일들이 없을까 찾아보았다. 바로 '블로그'였다!

우리 카페에는 다른 가게 홍보를 위해 찾아온 블로거들이 정말 많이 방문했다. 그들을 볼 때마다 나도 자유롭게 저렇게 살고 싶다라고 생각할 때가 많았다. 어느 날 일주일 정도 펜션을 협찬해 줄 수 있냐는 제안을 해온 인플루언서가 있었다. 비수기라 평일에는 한가하기도 해서 오케이를 했는데, 그분이 내게 블로그 운영 노하우를 알려주었다.

"너는 열심히 일해서 번 돈으로 비싼 음식들 오마카세, 코스 요리 사 먹지? 나는 블로그에 글 써주고 그것들을 제공받아."

처음에는 이 말이 믿기지 않았다.

근처 사장님들은 인플루언서한테 일주일 동안 펜션을 협찬해 주는 건 미친 짓이라며 나를 이상한 사람 취급을 했지만, 그분에게 많은 것을 배웠다. 나는 블로그를 운영하고 있었지만 상업적으로 운영하지는 않았다. 그런데 배운 꿀팁을 이용해 글을 쓰자 놀랍게도 일주일 후 내 글은 제법 네이버 첫 페이지에 잘 뜨기 시작했다.

그분은 나처럼 일주일간 재워주는 사장님은 없었다며, 내게 여수에 있는 50만 원이 넘는 2박 3일 호텔 숙박권, 그리고 근처 박물관과 맛집을 협찬해주었다. 여수를 2박 3일간 여행하면서 남의 집을 홍보해주며, 협찬해주는 곳의 인테리어와 시스템을 배웠으니 일석이조였다.

그렇게 여행과 맛집 위주로 글을 매일 한 편씩 쓰자 100명가량이었던 블로그 방문자가 금세 1,000명으로 늘어났고, 유명 블로거만 참가하는 제주팸투어에도 초청받았다. 생일에는 인플루언서 2명과 함께 프라이빗 요트에서 바비큐 파티, 생일케이크, 여수 맛집, 카페, 60만 원이 넘는 풀빌라까지 협찬받아 정말 호화로운 잊을 수 없는 생일파티를 했었다.

처음에는 물건과 장소, 음식을 제공받다가 지금은 조금씩 돈도 받으면서 일하고 있다. 여행하며 돈도 벌 수 있는 이 일이야말로 정말 나에게 딱 맞는 직업이다. 다만, 협찬받은 업체에 대한 과대광고로 고객을 현혹하는 글은 쓰지 않는다는 원칙을 세웠다. 내가 보기에 좋지 않은 업체는 과감하게 거절한다.

나 역시 홍보성 글에 속아서 갔다가 실망한 경우가 있었기 때문이다. 오션뷰 펜션이라고 자랑을 해서 갔더니 오션뷰 방은 한 개밖에 없었고, 어떤 곳은 관광지 안에 있는 카페라고 홍보해서 갔더니 상당히 떨어져 있는 위치에 있었다.

블로거로 업체 홍보를 해주던 초창기 때 관광지에 있는 오션뷰를 자랑하는 한 수영장 펜션으로부터 협찬을 받았다. 그런데 성수기가 지난 여름이라 관리가 전혀 안 되어 있었다. 부대시설들은 손님이 없어서 불이 꺼져 있고, 곳곳에 거미줄이 쳐져 있었다. 게다가 이 업체가 자랑하는 수영장은 사진보다 작은 데다 벌레들이 너무 많이 떠 있고 물도 탁해서 도저히 들어갈 수가 없었다. 석식도 제공해주었는데 해산물과 고기들은 신선해 보이지 않아 혹시 배탈이 날까봐 손도 대지 않았다.

좋은 부분만 사진을 찍어 글을 쓸 수도 있겠지만, 나의 거짓된 홍보성 글을 보고 찾아오는 손님들이 입을 피해를 생각하니 펜션을 운영하는 내 입장에서는 도저히 용납이 되지 않았다. 결론은 그냥 집으로 돌아가자였다.

그곳 사장님에게 "저는 이곳의 사진을 찍을 수도 홍보를 해줄 수도 없습니다. 대신 제가 사용하기로 한 방값은 지불하겠습니다"라고 정중하게 말했더니 그분은 놀라서 무슨 일 때문에 그러냐고 물었다. 내가 느낀 그대로 수영장 관리 상태와 내부 시설, 석식에 대해 진지하게 이야기를 나누었다. 그분은 관리 부실을 인정하면서 앞으로 더 신경을 쓰겠다며, 재정비하고 연락줄 테니 꼭 다시 와달라고 했다.

이런 업체도 있었지만, 자신의 가게에 대한 확신이 있어 홍보하는 업체가 대부분이었다. 나는 협찬을 받아 여행하면서 여러 업체 방문을 통해 최신 트렌드를 파악하고 경영 노하우도 배울 좋은 기회다. 나 역시 카페랑 펜션을 운영하므로 사장의 눈으로 업체를 꼼꼼히 살피고 진정성 있는 홍보를 하려고 노력한다.

베트남 다낭 2박 3일

블로그 여행 글이 어느 정도 쌓인 뒤 해외여행 체험단에 신청했는데, 베트남 호텔 2박 3일 숙박권의 주인공이 되었다. 100명이 넘는 경쟁자를 뚫고 국내를 넘어 해외 협찬까지 받게 된 것이다. 스무 살 때부터 항상 내 돈으로 여행을 떠났다. 내 돈을 들이지 않고 협찬을 받아 여행을 다닐 거라고는 생각도 못했다. 4성급 호텔에서 이틀 동안 조식과 애프터눈티를 즐기며, 수영장과 헬스장을 이용할 생각을 하니 설레서 잠도 제대로 못 잤다.

호텔을 협찬받자 주르륵 이어서 마사지 업체 네 군데, 베트남 이심(eSIM, 실물이 없는 가상 심이다. 유심을 갈아 끼울 필요가 없어 편리하다), 음식점 두 군데, 렌터카, 과일집, 칵테일바, 기념품 가게에서까지 연락이 왔다.

다낭공항에 도착하자마자 이심으로 인터넷을 이용해 그랩택시를 불러 호텔로 갔다. 체크인한 뒤 과일집에 가서 두리안과 망고스틴, 망고를 먹고 환전소로 향했다. 참고로 베트남에서는 달러 대신 우리 돈 5만 원짜리로도 환전할 수 있다. 환전 후 한시장을 구경하다 다리도 아프고 해서 마사지 숍에서 마사지를 받았다. 마사지가 끝난 후에는 기념품 가게에 들러 건망고, 파인애플, 커피와 티 등등의 선물을 받았다. 그런 다음 시푸드 레스토랑에서 저녁을 먹었다. 협찬받은 음식보다 더 많이 주문해서 추가 비용과 팁까지 주고 맛있게 식사를 마쳤다. 내 가게가 아닌 다른 가게를 홍보해주며 대접도 받은 정말 최고의 날이었다.

오행산 싸러이 탑 / 호이안 소원배

둘째 날에는 렌터카를 이용해 바나힐에 다녀왔다. 가랑비가 내렸다 그쳤다 반복하는 변덕스런 날씨였지만, 케이블카를 타고 높은 곳으로 올라갈 때 잠깐 안개가 갠 그 찰나의 몽환적인 모습이 정말 아름다웠다. 이곳에서 4시간 정도 시간을 보내다가 5개의 대리석 산에 6개의 동굴과 불교 사원, 탑 등의 볼거리가 많은 오행산을 둘러본 뒤, 다낭 여행의 하이라이트인 호이안으로 향했다. 호이안에서 소원배도 타고, 반짝거리는 운하와 야경을 바라보며 저녁 시간을 보냈다. 그후 다시 렌터카를 타고 숙소 근처 마사지 숍에 가서 마사지를 받으며 하루를 마무리했다.

시간은 짧고 할 것은 많은 다낭에서의 마지막 날, 아침부터 네일+마사지 숍을 다녀왔다. 그리고 맛집으로 유명한 식당에 가서 분짜를 먹었다. 식사 후 구글 평점 좋은 카페에서 에그커피와 솔트커피를 한잔했다. 호텔에서 서비스로 스파까지 제공해주어 끝까지 잘 대접받고 공항으로 갔다. 공항 라운지도 협찬을 받아 새벽 비행 전 식사와 샤워를 하고 안마의자에서 편안하게 시간을 보냈다.

내가 대접받은 좋은 서비스 이상으로 그들을 홍보해주고 싶은 마음이 컸다. 내가 보고 느낀 걸 진솔하게 홍보했더니 다낭을 다녀온 지 여섯 달이 지난 뒤에도 다낭 2박 3일 일정, 다낭 2박 3일 경비를 검색하면 내 글이 첫 페이지에 나왔다. 협찬을 해준 업체는 맛과 좋은 서비스로 매출을 올리고, 나도 그들 덕분에 최고의 대접을 받았으니 서로가 윈윈이 되었다. 협찬을 받아 떠난 첫 해외여행은 성공적이었다.

태국 푸켓 2박 3일

남미 한 달 여행을 마치고, 한 달치의 글을 올리고 있을 때쯤 이번에는 태국 푸켓 호텔 2박 3일 숙박권을 제공받았다. 이번에도 100명이 넘는 지원자들 중 내가 선발되었다.

첫째 날에는 푸켓 현지 호텔에 있는 의사가 내 몸 상태에 대해 상담하고 분석해서 추천해주는 웰니스 트리트먼트를 제공받고, 둘째 날은 조식, 중식, 석식이 모두 포함된 올인클루시브에다 요가, 복싱, 필라테스 1회를 제공받는 내용이었다. 그리고 마지막 날은 한국으로 돌아가는 비행기 시간에 맞춰 오후 6시까지 레이트 체크아웃을 해주기로 했다. 어마어마한 협찬이었다.

조금 부담스러웠지만, 그만큼 나의 인지도가 쌓였다는 생각에 책임감을 가지기로 했다. 남미 여행 후 부모님과 세계여행을 많이 다니려고 결심했는데, 한 달 만에 또다시 효도 여행을 떠나왔다.

푸켓 여행을 떠나기 전 이심을 제공받아서 데이터 걱정 없이 공항에 도착했다. 푸켓은 대부분 늦은 밤에 도착하므로 공항 택시를 타면 가격이 비싸고, 볼트라는 택시 어플을 이용하면 가격은 조금 저렴하지만 공항 밖으로 캐리어를 끌고 나가야 하는 번거로움이 있다. 클룩 사이트가 그나마 합리적인 가격이라 미리 택시 예약을 해두었다. 왠지 어둡고 구석진 길로 가는 것 같아서 택시 안에서 계속 구글지도로 확인하며 긴장해 있었지만 이내 호텔에 도착했다. 입구에서 반갑게 웃으며 맞아주는 직원을 보니 긴장이 풀렸다. 푸켓은 처음이라 설렘 반 긴장 반 쉽게 잠이 들지 않았다.

다음 날 아침 모두가 약속이나 한 듯 같은 시간에 일어나 조식을 먹으러 갔다. 술을 즐겨 먹지 않는 집안이라, 우리는 속쓰림이라는 단어와 아침에는 밥이 잘 안 들어간다라는 말을 이해하지 못한다. 파란 하늘과 뜨거운 태양, 레스토랑 앞의 멋진 수영장, 저 멀리 보이는 푸른 바다와 수평선, 그 옆의 야자수들이 잘 어우러진 멋진 풍경이었다.

식사를 마치고 10시에 웰니스 클리닉으로 향했다. 의사가 부모님과 나의 몸을 기계로 체크하고, 컨디션과 자세를 살펴보고 분석해 각자 몸에 맞는 트리트먼트를 추천해주었다. 아버지는 아로마 테라피로 전신 마사지를 선택했고, 어머니는 머리 쪽을 마사지해주는 뇌파 테라피, 몸과 어깨가 좋지 않은 나는 물리치료+코어 운동을 진행했다.

점심 때는 호텔 레스토랑에서 태국식, 러시안, 인터내셔널 세트를 주문했다. 직원들이 옆에서 케어도 잘해주어서 황제 대접을 받았다. 오후에는 소화를 시킬 겸 부모님과 함께 방타오비치에 다녀왔다. 이곳은 아직 한국인 관광객들에게는 덜 알려진, 유럽 사람들이 많이 오는 조용한 바닷가이다.

디너 시간에는 분위기도 낼 겸 지중해식 플레이트 스타터로 와인을 함께 주문했다. 메인으로는 연어구이와 도미구이, 태국식 그린커리를 먹었다. 마지막으로 과일 플레이트, 티라미수, 구운 머랭의 달콤함으로 저녁 식사를 마쳤다.

마지막 날에는 택시를 타고 푸켓 시내 올드타운으로 향했다. 알록달록한 건물들과 길거리에는 수많은 상점과 마사지 숍, 카페, 맛집들이 넘쳐난다. 호텔에서 이틀을 보내며 호캉스를 하다가 이곳에 오니 비로소 리얼 태국을 체험하는구나 싶었다. 올드타운을 돌아다니며 선물도 사고, 올드타운 중심부에 위치한 전통 태국 불교 사원인 몽콘 니밋 사원(Mongkhon Nimit Temple)에 갔다. 아름답고 신비로운 사원이었다.

12시가 되어가니 태양이 너무 뜨거워 마사지 숍으로 피신 갔다. 마사지 후 구글 평점과 리뷰가 좋은 카오랑 전망대 맛집, 툰카

올드타운 중심부에 있는 몽콘 니밋 사원 / 아름다운 방타오 비치

(Tunk-ka)에 갔다. 레스토랑 입구부터 열대 식물이 가득해 마치 정글 속으로 들어가는 듯한 기분이 들었다. 원래 뷰가 좋은 곳은 대부분 맛없는 곳이 많은데, 이곳은 달랐다. 파인애플밥, 푸팟퐁커리, 왕새우튀김, 태국식 소이소스누들, 파인애플주스, 사과주스, 물을 주문했다. 호텔에서 고급스런 식사를 하는 것도 좋지만 정글 같은 이곳에서 식사를 하니 제대로 된 태국 음식을 먹는 기분이 들었다. 부모님도 안 왔으면 어쩔 뻔했냐며 오길 정말 잘했다고 극찬한 레스토랑이었다.

공항으로 돌아가기 전 숙소 근처에서 일몰을 보며 식사를 할 수 있는 방타오 비치 맛집으로 유명한 골든피시 시푸드 레스토랑(Golen Fish Seafood Restaurant)으로 향했다. 이곳에서는 버스킹을 즐기고, 바다를 바라보며 그네도 탈 수 있다. 뉘엿뉘엿 수평선으로 떨어지는 석양을 바라보니 맥주를 참을 수가 없었다. 붉은 노을로 물든 하늘과 바다를 바라보며 마시는 맥주의 맛은 말로 표현할 수 없다. 맥주 두 잔에 취해 잠시 멍 때리며 바다를 바라보고 있는데, '어, 잠시만 이거 내가 꿈꾸던 삶이었는데 정말 이루어졌구나' 싶었다. 꿈꾸는 자, 꿈같은 현실을 마주했다.

필리핀 말라파스쿠아 3박 5일 스쿠버다이빙

현실도피를 하고 싶을 때 나는 바닷속으로 들어간다. 그곳은 아주 조용하고, 오롯이 나에게 집중할 수 있게 해준다. 남해에서 다이빙을 시작해 제주도, 필리핀의 세부·사방·오슬롭, 일본 오키나와, 몰디브 등을 다녀왔다. 블로그 글 쓰는 게 일상이 된 나는 다이빙 장비에 대한 정보, 다녀온 여행지 정보와 꿀팁, 맛집, 팁 등에 대한 기록을 남기기 시작했다.

내가 좋아하는 다이빙에 대한 글을 쓰다 보니, 다이빙하는 사람들이 정말 가보고 싶어 하는 곳 중 하나인 환도상어가 있는 꿈의 휴양지, 필리핀 말라파스쿠아 숙소로부터 협찬이 들어왔다. 3박 5일 동안 숙소, 다이빙, 식사를 제공받았다. 환도상어는 말라파스쿠아에서만 볼 수 있다. 다이빙 협찬은 처음이라 너무 흥분되고 설레었다. 환도상어야 기다려라!

세부공항에 도착한 뒤 업체에서 제공해준 차량을 타고 2시간

환도상어

반에 걸쳐 항구까지 간 다음 거기서 배를 타고 30분 정도 가니 리조트에 도착했다. 하얀 회벽과 코발트블루가 눈부시게 빛나는 멋진 곳이었다. 조식을 먹으러 간 레스토랑 또한 숲과 하늘, 바다가 어우러져 정말 아름다웠다. 이곳까지 오느라 장시간 여행에 피곤했는데 설렁탕을 먹으니 피로가 확 풀렸다.

첫날은 숙소 바로 앞에 있는 모나드숄 앞바다에서 다이빙을 했다. 환도상어가 많이 나오는 포인트라고 해서 너무 기대가 되었다. 한 마리만 봐도 감사한데 많은 환도상어를 구경했다. 환도상어는 사람을 무서워하지 않아 아주 가까이 다가오는데, 너무 신비스러웠다. 땡그랗고 검은자위가 엄청 큰 눈에 꼬리가 길쭉한 멋쟁이 상어였다. 다이빙을 세 번 하는 내내 환도상어뿐만 아니라 물고기 떼도 많이 보았다. 첫날부터 이렇게 눈 호강을 하면 나중에 시시해지지 않을까 걱정이 들 정도였다.

다이빙을 마치고 방카에서 먹은 점심 식사는 정말 낭만적이었다. 김밥, 떡볶이, 계란국에다 후식으로 망고까지 내가 좋아하는 4종 세트를 바다 위에서 먹으니 꿀맛이었다. 이곳은 다른 다이빙 숍과 달리 다이빙 일정이 끝나면 맥주를 한 병씩 무료로 줬다.

이런 서비스를 제공하는 업체들은 잘될 수밖에 없을 것이다. 나 또한 이런 점을 배워서 카페 서비스 질을 더 올리고 싶어졌다. 블로그 홍보를 하는 업체들은 대부분 노력하고 성장하는 회사여서 배울 점이 정말 많다. 그래서 협찬을 받아 다녀오면 자극을 받

방카에서 먹은 맛있는 음식

캐피탄칠로 바닷속에서 만난 거대한 산호

아 펠리스 카페에 더 신경을 쓰게 된다.

둘째 날에는 같은 팀 멤버들끼리 상의해서 이왕 온 김에 돈을 더 지불해서 스페셜 트립으로 아름다운 등대섬, 캐피탄칠로에 다녀오기로 했다. 이곳에서 두 번의 다이빙 후 섬에서 바비큐를 먹고, 마지막 다이빙은 리조트 앞에서 드리프트 다이빙(Drift Diving, 조류를 이용해 이동하는 다이빙)을 하기로 했다. 생각보다 시야가 좋지는 않았지만, 동굴이 많이 있었다. 어둠과 빛이 교차하는 동굴 사이에 신비스러운 분위기가 연출되어 정말 아름다웠다. 다양한 물고기들과 거대한 산호들을 보았다.

두 번의 다이빙을 하고 나니 배가 출출해져 캐피탄칠로 등대섬으로 이동해 바비큐 식사를 했다. 작은 섬이라 간단히 둘러보기 좋았다. 여기도 스노클링을 위해 사람들이 많이 찾는다고 한다. 식사 후 다시 숙소 앞바다로 가서 드리프트 다이빙을 했다. 드리프트 다이빙은 항상 무섭지만, 다이빙 횟수가 60회 이상 되자 이제는 힘을 빼고 조류에 딸려가는 걸 제법 즐기게 되었다.

저녁에는 말라파스쿠아 여행을 오는 사람들에게 맛집들을 소개하고 싶은 마음에 오션뷰 레스토랑에서 피자와 해산물을 먹고 주위를 산책하고 돌아왔다. 그날 말라파스쿠아의 밤하늘을 쏟아질 듯 총총히 수놓은 별들은 너무 환상적이었다.

마지막 날 다이빙은 가또아일랜드에서 했다. '가또'가 스페인어로 '고양이'라는 뜻인데, 고양이를 닮은 섬이라 그런 이름이 붙었다. 이날은 시간을 길게 가지며 알차게 다이빙을 했다. 물고기뿐만 아니라 볼 게 너무 많아서 시간 가는 줄 몰랐다.

다이빙을 끝낸 뒤 비행기를 타기 위해 세부로 갔다. 마사지 숍 협찬이 들어와 공항 가기 전에 들렀다. 새로 오픈한 가게라 깨끗하고 한옥스러운 내부 인테리어가 돋보였다. 마사지 실력도 최상급이었고 친절하고 서비스도 좋았다. 최상의 컨디션으로 공항으로 가 공항 라운지 소파에 앉아 따뜻한 차를 마시며 필리핀에서의 글을 쓰기 시작했다. 나는 글 쓰는 이 순간이 너무 행복하다. 이제 다음은 어디로 갈까?

더 멋진 삶을 가져다줄 새로운 도전

글을 쓰면 10배 더 행복해진다

시골 남해에서의 삶은 어떻게 보면 매우 대단한 선택이었다. 20대 후반 나의 청춘을 쏟아부었다. 응급실을 들락거리고 수시로 링거를 맞으며 정말 열심히 일했다. 때로는 감당하지 못할 외로움을 세게 마주치기도 했다. 그럴 때면 혼자 드라이브를 하며 차 안에서 펑펑 울었다. 그러다 나중에는 책을 친구 삼아 보내는 시간이 많아졌다.

책과 일이 일상이 되었을 무렵, 카페에 한 손님이 찾아왔다. 카페에 일하면서 그렇게 초집중하며 노트북으로 뭔가를 하는 분을 처음 보았다. 카푸치노 한 잔을 시키곤 4시간 넘게 앉아 있었으니 진작에 잔이 비었다. 나는 카푸치노 한 잔을 서비스로 드렸다. 그 분은 너무 고맙다고 인사를 건네곤 다시 일에 매진했다. 일을 끝내고 나가면서 자신은 작가인데 이곳에서 카푸치노를 마시며 기분 좋게 원고를 마감했다고 말했다. 그러면서 책 뒤표지에 추천사들이 들어가는데 내 추천사를 넣고 싶으니 써줄 수 있냐고 물어봤다.

그렇게 2018년 《사랑하는 생각 사랑받는 생각》이 출간되었다. 이향남 작가의 책이다. 그 책 뒤표지 제일 마지막 부분에 내 이름이 올라 있다. "아무도 가르쳐주지 않는, 알면서도 잊고 있던 무언가를 느끼게 해주는, 마음의 파동을 일으키는 글이에요."

내 책이 나온 것마냥 너무나 설레었고, 내가 작가가 된 것처럼 기분이 좋았다. 그리고 사람들에게 자랑하며 그 책을 홍보를 하고 있는 나를 발견했다. 그때 주변 사람들과 손님들이 내게 말했다. "너는 정말 특별해. 너에 대해 책을 한번 써보는 건 어때?"

이왕이면 젊었을 때 카페 사장 외에 또 하나의 직업인 여행 작가가 되어보자는 꿈이 생겼다. '여행 작가가 되어 세계를 다니면 뭔가 더 근사하지 않을까?' 그렇게 나에게 또 다른 꿈이 생겼고, 작가가 된 내 모습을 상상해보고 있었다.

이향남 작가에게 "축하드려요. 저도 글을 쓰고 싶어졌어요"라고 말하자, "누구든 글을 쓸 수 있어요"라고 대답해주었다. 그 한마디가 용기와 희망이 되어 나는 도전을 시작했다.

힘들 때마다 위로가 되는 책을 읽을 때 행복이 2배였는데, 놀랍게도 글을 쓰니 행복은 10배가 되었다. 글을 통해 내 마음을 다시 들여다볼 수 있고, 나 자신을 더 성장시키며 사랑하게 된다는 것

우유니 사막에서

을 알게 되었다.

나이는 숫자에 불과하다. 지금까지 살아온 나를 돌이켜보고 물어보자. "나는 지금 누군가에 이끌려서 삶을 살고 있는가? 아님 내가 주도하는 인생을 살고 있는가?" 한 번뿐인 내 인생, 무슨 일을 하며 살 것인지, 나만의 가치관을 가지는 것은 매우 중요하다. 진지하게 생각하고 많은 걸 도전하고 경험해봐야 한다.

세상은 꿈꾸는 자의 편

2015년 스물일곱 살에 시작해, 2024년 10년 동안 나를 성장시켜준 펠리스 카페. 일을 즐기며 하는 사람은 그 누구도 이길 수 없다. 나는 여전히 엉뚱하고 재밌는 일들을 상상하고 있다. 자유를 찾기 위해 시작한 카페, 자유로운 듯 자유롭지 않은 이 카페를 언제까지 운영할지 모르지만, 어디로 튈지 모르는 그런 내 인생이 너무나도 재밌고 기대된다.

학생일 때는 이 나라 저 나라 찍고 다니는 여행을, 카페를 하고 나서는 한두 달 살아보는 여행을 하다가, 지금은 여행 블로거가 되어 세계 여행을 하는 그런 재밌는 삶을 살고 있다. 이제는 여행 작가가 되어 세계 곳곳을 누비는 더 멋진 삶을 꿈꿔본다.